経済で読み解く日本史

平成時代

1989—2019

飛鳥新社

平成の経済史にまえがきはいらない。

経済で読み解く日本史〈平成時代〉　もくじ

第3章　デフレの泥沼

第二部 日本経済復活への道

第4章 度重なる失策と郵政民営化の真実

第7章　悪夢の民主党政権誕生からアベノミクスへ

終章　平成の終焉

※敬称につきまして、一部省略いたしました。役職は当時のものです。
※本書では、「インフレーション」を「インフレ」、「デフレーション」を「デフレ」と表記しています。
※引用・参考文献は本文に出典として明記しました。
※本書は文庫書き下ろしです。

第一部 バブル崩壊

第1章 日銀不況と7つの事件

バブル崩壊の引き金

1988年7月、留学先のアメリカから帰国した私は中央大学附属高校の3年生に編入され、2回目の高校3年生をやっていました。年末には中央大学法学部への進学も決まり、3学期は暇なので車の免許でも取りに行こうかと考えていた矢先、昭和天皇のご容態悪化のニュースが飛び込んできました。そして、年が明けてすぐに昭和天皇は崩御され、改元。小渕恵三官房長官（当時）が新しい元号「平成」を発表したかと思ったら、大喪の礼に即位の礼と目まぐるしく時代が動きました。

平成の始まりはあまりにも突然だったと記憶しています。そして劇的でもありました。同年6月には天安門事件が起こり、11月にはベルリンの壁が崩壊しています。

平成元年に20歳になったのが私です。アメリカ留学で1年留年したために、人より1年遅れて大学生になりました。そして、バブルの絶頂にあった世の中を尻目に、日本最古の弁論部、中央大学辞達学会に入会しました。今思えば、私はバブルに乗り遅れた少し変わった若者に過ぎませんでした。

平成の経済を語るうえで避けて通れないのが「バブル崩壊」です。その引き金を引いたのはちょうど私が20歳になった１９８９年から始まる、日銀の金融引き締めでした。この引き締めは早すぎたのか、それとも遅すぎたのか？　バブル期の２人の日銀総裁は日経ビジネスのインタビューに答えて、次のように語っています。

新元号「平成」を発表する小渕恵三官房長官＝1989年1月7日
（提供：共同通信社）

・澄田智氏（在任１９８４～89年、大蔵省出身）

私が日本銀行の総裁として参加した１９８５年のプラザ合意が、日本のバブルを形成する発端になったという見方があることは承知しています。先進各国がドル高の是正で協調したプラザ合意を受け、日銀は外国為替市場に介入して円相場を円高・ドル安方向に誘導しました。そして景気を下支えする目的で、公定歩合（編集部注・中央銀行が民間金融機関に資金を貸し出す時の基準金利）の引き下げを段階的に実施しました。そのことが不動産など資産価格の上昇を招いたことは否定できない事実です。けれども日米関係を重視し過ぎたことで、日本の金融政策が歪められたという認識は全くありませんでした。当時はあくまで国際通貨体制の下で、基軸通貨であるドルを守ることが円の通貨価値を安定させることにつながると判断したのです。（中略）

その後、87年2月に公定歩合を2・5％に引き下げてから、引き上げに転じるまでに約2年3か月の期間がありました。ちょうどその間の87年秋にはブラックマンデー（編集部注・1987年10月19日、ニューヨーク株式市場で起こった過去最大規模の暴落）が起きています。そのせいで日銀は公定歩合の引き上げに転じるタイミングを逃したのではないかという指摘を受けますが、当時はブラックマンデーの悪影響を慎重に見極めながら引き上げに転じる機会を探っていたのです。それで89年になって引き上げのタイミングが訪れたと判断して実行したわけです。

- **三重野康氏**（在任1989～94年、日銀プロパー）

「日銀は引き締めの遅れを取り返そうとして、強すぎる引き締めを実施した」とい

う批判があります。しかし、私はそう思っておりません。（中略）
利上げはバブル退治のためにやったわけではないのです。一貫して中長期的な目標、すなわちインフレなき持続的成長路線に乗せるためです。短期的に景気が悪くなったから良くするとか、景気が良すぎるから抑えるとかそういうことではありません。
（出典：『【真説】バブル　宴はまだ、終わっていない』日経ビジネス編／日経BP社）

澄田氏は日米関係に過度に配慮したわけではないとしつつ、「基軸通貨であるドルを守ることが円の通貨価値を安定させることにつながる」という認識を述べています。

これこそがプラザ合意で確認された国際協調路線そのものでした。

当時、澄田氏の古巣大蔵省のトップは大蔵大臣の宮澤喜一（みやざわきいち）氏で、アメリカ側のカウンターパートだったのはジェームズ・ベーカー財務長官でした。ベーカー氏は後にプラザ合意当時を振り返り、「キイチに内需拡大を要請しました。これは一般的にプラザ合意にうたわれていたことです。つまり世界経済の不均衡を是正するには、日本が経常黒字を減らすために内需を拡大し、逆に米国は赤字を減らすために浪費を押さえて財政を立て直せというのが合意の柱でした」と述べています（出典：前掲書）。

澄田氏の言い訳は要するに、「経済大国となった日本は世界経済の不均衡是正のためにやるべきことがあった。国内経済が多少犠牲になったが仕方なかったのだ」ということです。日銀総裁にありながら、本籍は大蔵省である澄田氏ならではのレトリックだと思います。

これに対して、三重野氏の言い訳はかなり原理主義的です。「インフレなき持続的成長路線」なる理想があり、それを実現するために金融引き締めを実施したと主張しています。さらに、その理想を実現するためには目先の景気の良し悪しなど関係ないとも述べています。三重野氏の経済思想の根底には危険な香りが漂（ただよ）います。

澄田氏はこのインタビューにある通り、1987年にやり残した宿題として、89（平成1）年に2度の利上げを実施しました。5月31日に0・75％利上げして公定歩合は3・25％となり、10月11日にはさらに0・5％利上げして公定歩合は3・75％となりました。ところが、同年12月に日銀総裁に就任した三重野氏は、就任早々の12月25日に0・5％の利上げを実施、さらに翌年3月には1％もの大幅利上げを実施し、公定歩合は一気に5・25％まで引き上げられたのです。90年3月といえば、大蔵省による不動産融資に対する総量規制（不動産向け融資の伸び率を総貸出の伸び率以下に抑えることを目的として、大蔵省から金融機関に対して行われた行政指導）が実施されたタイミングです。

当時、アメリカの不動産王ドナルド・トランプ氏（現アメリカ大統領）の10倍の資産を持っていたといわれる「環太平洋の不動産王」高橋治則氏（ＥＩＥインターナショナル社長）は、この頃を振り返って次のように述べています。

「バブルというのは、結局は金融行政の誤りです。総量規制に極端な金融引き締めと、異常なことばかりだったですよね。金融引き締めも場合によっては必要になってくることもあるでしょうが、毎月毎月公定歩合が上がっていったらおかしくなるに決まっているわけですよ。ハイウエイを時速二〇〇キロで走らせておいて、先導者が急ブレーキを踏めば連鎖的に大事故になるのと同じでしょう」

（出典：『ハゲタカが嗤った日』浜田和幸著／集英社インターナショナル）

高橋治則氏といえば、１９８０年代に世界中のリゾートを買い漁っていた億万長者で、代表的な「バブル紳士」の一人です。総資産１兆円と言われた彼の巨大プロジェクトは、日銀のたび重なる利上げと大蔵省の総量規制によっても金欠状態になり、後に壊滅的打撃を蒙る（こうむ）ることになります。

「良いデフレ」という悪魔の理論

しかし、日銀の金融引き締めによって大きなダメージを受けたのは高橋氏のようなバブル紳士だけではありません。大企業から中小企業、果ては一般庶民に至るまで、多くの人に多大なる経済的損失を与えました。中でも三重野総裁が行った１９９０（平成２）年８月30日の利上げは最悪でした。

前年末、３万８９１５円をつけた日経平均株価はすでに２万６０００円まで下落していました。ところが三重野氏はさらに公定歩合を０・75％も引き上げて６％としたのです。本当にこの利上げは必要だったのでしょうか？

この追い討ち的な利上げによって日経平均株価はさらに約20％暴落し、同年９月末の終値（おわりね）は２万９８３円になってしまいました。後の世に言う「三重野暴落」です。

６％という超高金利は翌１９９１（平成３）年まで続き、７月にやっと利下げが始まりました。しかし、利下げに転じたものの、そのペースは利上げの時のペースを大幅に下回りました。三重野氏の基本的なスタンスは「引き締めは早く、大胆に」かつ、「緩和は遅く、ショボく」です。とにかくインフレを過度に警戒し、デフレはノーマーク。三重野氏は典型的なインフレファイター（インフレを極端に嫌い、それを止めようとする人）だったのです。

たしかに、石油ショックのトラウマを色濃く残していたこの当時、世界各国の中央銀行はおしなべてインフレファイターでした。なので、三重野氏だけが特別というわけではありません。とはいえ、前掲の三重野氏のインタビューで私が感じた危険な香りとは、まさにこのことでした。

過度なインフレへの警戒とは裏腹に、デフレへの警戒は全くと言っていいほどありません。当然、デフレの危険性に対する認識も極めて甘いものでした。これが後に日銀が吹聴（ふいちょう）してしまった「良いデフレ論」という、悪魔の理論につながっていきます。そして、三重野氏のインフレファイター的な金融政策のスタンスは、その後の日銀執行部へと引き継がれていきました。平成大不況の原因はまさにこれです。そして、この誤った姿勢を改めるまで20年以上の歳月が必要でした。20代だった私は、その頃には40代になっていました。

市場の「微妙な変化」に気付いた人

澄田氏、三重野氏のインタビューによれば、日銀は元々１９８７年ごろから金融引き締め政策の必要性を議論していたことがわかります。しかし、国際協調路線と、運悪く起こったブラックマンデーのせいでタイミングを逸していたのでした。逆に言えば、約2年3か月にわたって、日銀は利上げのチャンスを待っていました。そんな、利上げをしたくてしたくてしようがない日銀の本音を見抜いていた人は、市場において圧倒的な少数派でした。

しかし、それでも市場の微妙な変化を通じ、それに気付いた人が僅かながら存在したことも事実です。その微妙な変化とは、１９８７年末から始まる長期プライムレートという優良企業向けの長期貸出金利の上昇です。この金利を決めていたのが日本興業銀行、日本長期信用銀行、日本債券信用銀行のいわゆる長信銀三行でした。

日銀は本音では、公定歩合を上げたかったのに国際協調路線のせいで上げられなかったので、長期プライムレートの上昇は望ましいと考えたのでしょう。まだ金融自由化が進んでいない時代であり、長信銀などいくらでも指導できたはずなのに、長期プライムレートの上昇は放置されました。

私がインタビューしたある四大証券の元社員は、この時「この相場は長く続かない」と思ったそうです。彼のロジックは極めて単純です。金利が上がると、信用取引の追加保証金（追証）の資金調達が厳しくなります。当時、彼の顧客は追証を街金（特定の地域で営業している中小の消費者金融）から調達していたのですが、長期プライムレートの上昇で街金の調達金利が上がり、経営が目に見えて苦しくなったとのことです。

信用取引とは、一定の証拠金を積んで、その何倍もの株式を売買するレバレッジ取引です。それゆえ、取り扱うボリュームは大きくなります。これが萎んだら相場の需給関係が悪化し、株価は下落する。考えてみれば当たり前のことでした。

「この相場は長く続かない。今のうちに株を売っておいた方がいい」。その元社員は、１９８８年の段階でそのことを顧客に伝えました。しかし、そんな進言に耳を傾ける人はほとんどいなかったと言います。ところが、ここでもただ一人例外がいました。オリックスの宮内義彦氏です。宮内氏は当時の決断について、自らの言葉で次のように語っています。

バブル末期、オリックスは不動産投資から手を引くタイミングが早く、傷を浅いものに抑えることができたというものです。もちろん、オリックスもバブル崩壊で痛手をこうむり、1993年から三期連続で減益決算となりましたが、多くの銀行や証券会社、ノンバンクが次々と破綻に追い込まれていった時代ですから、他社と比較すると傷は浅かったのだと思います。

これはバブル経済がはらむ危険性を最初から感知していた、ということではありません。オリックスも、実は途中までは他社と同じく膨張するバブル経済の流れに乗って走っていました。今では考えられないような儲け話があちこちに転がっていた時代です。その波に乗って「行け」と号令をかけたのも、「退け」と指示したのも当然CEOである私でした。

なぜ退くことができたのかというと、走りながら常にどこか冷めた目で「おい、こんなことしていていいのか?」と考えていたからです。そんなとき、当時ある銀行の頭取が「日銀がここまで金融を緩めているのに、インフレ傾向が出てこないのは不思議だ」とおっしゃったのが心に引っかかりました。この話を単なるエピソードとして聞き流すか、非常に重大な警告として受け止めるか、まさに分岐点だったと思います。

（出典：バブル崩壊を事前に察知できた「皮膚感覚」https://president.jp/articles/-/14695）

金融緩和しているのにインフレ傾向が出てこない。つまり、不動産や株価は値上がりしているが、世の中全体でみるとそれはごく一部の話ではないか？　宮内氏はおそらくこういう風に疑問を持ったのだと思います。そして、日銀がそのごく一部を目がけて金融引き締めをすれば、その影響はその一部にとどまらず全体に及ぶ。おそらくそう懸念したのではないでしょうか。そうなれば信用取引が萎むのと全く同じメカニズムで不動産バブルも崩壊します。やはり、長期プライムレートの謎の上昇は、日銀による地ならし、市場へのメッセージだったのです。しかし、宮内氏のようにそのメッセージを受信できた人はごく一部でした。

インフレを極度に警戒

三重野氏が実施した金融引き締めは、日本経済を必要以上に痛めつけ、長期停滞への入り口を開くものでした。この後何度も言いますが、消費者物価指数（総合）で見れば、日銀のバブル崩壊前の金融政策はむしろ適切な水準にありました。せいぜい、澄田時代の2度の引き締めでいったん打ち止めにして様子を見ればよかったのです。ところが、三重野氏は澄田時代の利上げ1・25％を大幅に上回る、2・25％もの利上げを極めて短期間で実行してしまいました。これは明らかにやり過ぎでした。一応、三重野氏の言い訳を聞いておきましょう。

（1990年3月の利上げで公定歩合を5・25％とし金融政策の）ギアを中立に戻した後、もう一度公定歩合を引き上げました。これは90年8月にイラクがクウェートに侵攻し、湾岸情勢が一挙に緊迫し、原油価格が上昇の気配を見せた時です。日本は、原油の8割以上を中近東からの輸入に頼っています。第1次石油ショックの時は引き締めが遅れて失敗しましたが、第2次石油ショックは金利を早く引き上げたので、大きな被害は出ませんでした。そういうことを考え、私は8月30日に、さらに0・75％上げ、公定歩合を6％にしたのです。結果は成功だったと思っています。

（出典：日経ビジネス編前掲書）

図1　WTIの過去70年の原油価格推移

出典：Crude Oil Prices—70 Year Historical Chart
https://www.macrotrends.net/1369/crude-oil-price-history-chart

　さて、三重野氏のやったことは本当に成功だったのでしょうか？　上のグラフはウエスト・テキサス・インターミディエイト（WTI＝アメリカ合衆国南部のテキサス州とニューメキシコ州を中心に産出される原油の総称）の過去70年の価格推移を表したものです。このグラフを見れば、三重野氏の認識とは裏腹に、２回の石油ショックと湾岸戦争の頃の原油価格の推移が全く違うことがわかります（図１）。

　２度の石油危機はその後の原油価格高止まりのキッカケになりました。これに対して１９９１年の湾岸戦争は一時的な原油価格の高騰は招きましたが、その後はむしろ原油価格は下落傾向となっています。また、価格上昇率で見ても74年が159%、79年が119%であったのに対し、湾岸戦争のあった90年は30%でした。前の年の89年も30%上がっていますが、2年合わせても石油ショックの時には及びません。しかも、91年には29%も下がっています。

ちなみに、1991年の原油価格下落は、アメリカと軍拡競争を繰り広げていたソ連の経済に大打撃を与えました。同年12月にソ連は崩壊し、戦後の世界秩序を形作っていた東西冷戦が終結しています。この点から見ても、三重野氏は大きな流れを完全に読み間違えていたことがわかります。ハッキリいって経済センスなし。そう断言していいと思います。

ところが、三重野氏はインフレを極度に警戒するあまり過剰な金融引き締めに走ってしまったのです。そしてこれが間違いだと認めることもできず、もたもたして利下げを決断できませんでした。

当時大蔵官僚だった髙橋洋一（たかはしよういち）氏（現嘉悦（かえつ）大学教授）は、大蔵省は不動産価格高騰への対策として「総量規制」を準備しており、日銀が余計な金融引き締めなどやる必要はなかったと証言します。本来なら上級官庁である大蔵省に相談して物事を進めるべきだったのに、三重野氏は突如（とつじょ）としてスタンドプレーを始めてしまいました。大蔵省の官僚たちは「何か日銀が余計なことやり始めたぞ」と噂はしていましたが、所詮は子会社の二流官庁のこととタカをくくって、誰も関心を持たなかったそうです。当時の大蔵官僚の頭の中も、まだ固定相場制時代の感覚が刷り込まれていたため、金融政策が日本経済の致命傷になることを誰も予想していなかったのでした。

日銀の利上げに対する警戒心のなさは大蔵省に限った話ではありません。当時、多くの人々もバブル景気に浮かれて、日銀が致命的な政策判断ミスをしていることに気付きませんでした。学生雄弁活動に没頭していた私もその一人でしたから。

羨望の的だったフリーアルバイター

本シリーズの一貫したテーマは「経済的に困窮（こんきゅう）した人々はヤケを起こして危険思想に走る」という歴史法則です。１９８０年代末から始まるバブルの生成と崩壊、その後の長期停滞に至る流れはまさに、この法則に当てはまる出来事の連続でした。

１９８６年の円高不況を乗り切り、87年からバブル景気がスタートすると、人々は「サラリーマンが一生働いて家一軒すら買えない」と不満をこぼしつつも、なんだかんだで金儲けに忙しく、仕事に精を出しました。手持ち資産（株やマイホームなど）は値上がりしましたので、それで自分が金持ちになったと錯覚した人も多かった上、投資をしていない人でも給料やボーナスが右肩上がりで、生活に不満を感じる人は少数派でした。人手不足で労働市場は超売り手市場。「リストラ」や「派遣切り」などの言葉すら存在しない時代でしたから、それで当然といえば当然です。

例えば、当時は派遣社員やフリーターに対する見方も現在とは180度違いました。派遣労働者とは「会社を渡り歩いてたくさん給料をもらえる実力ある人」のことです。少なくとも、1992（平成4）年に就職活動をして、社会人になった私と同世代の人の多くはそう思っていたはずです。また今でいうフリーター（当時は「フリーアルバイター」と呼ばれた）は、一定期間日本国内で働いて、残りは海外を旅して遊ぶ「自由人」のことでした。

私が自動車免許を取るために東京都府中の試験場に行ったときのことです。平成になってすぐ、おそらく1989年の3月頃のことだったと思います。書類を提出する列に並んでいた時、私の前にいた人の書類は職業欄が空欄でした。窓口の人に「職業は？」と聞かれたとき、その人は次のように答えました。それも誇らしげに。

「フリーアルバイターです」

係の人は「じゃぁ無職ですね？」と聞き返しました。しかし、彼は「いやいや、私はフリーアルバイターですから」と念押ししました。

当時は高卒でも大卒でも就職率はほぼ１００％でした。それをわざわざ蹴ってアルバイトを渡り歩き、暇なときは海外で過ごす。フリーアルバイターの縛られない生き方は、ある意味、羨望（せんぼう）の的でした。そして、多くの若者が『地球の歩き方』を片手に海外に飛び出して行ったのもこの時期です。１９８５年のプラザ合意以降、日本から海外に出かける人の数はほぼ2倍に増加していました。

１９８５年のプラザ合意を経て円高が進むと、さらに海外旅行市場は拡大。国際線の日本人旅客数は、１９８７年度は８６９万人、１９８８年度は１０８２万人にまで急拡大した。１９８７年9月、運輸省が「海外旅行倍増計画（テンミリオン計画）」を策定し、海外における安全対策や長期休暇取得運動の充実を図る施策が推進。日本人出国者数は、１９８７年に23・８％増の６８２万９３３８人、１９８８年に23・４％増の８４２万６８６７人と2割増を続け、１９９０年には１０９９万

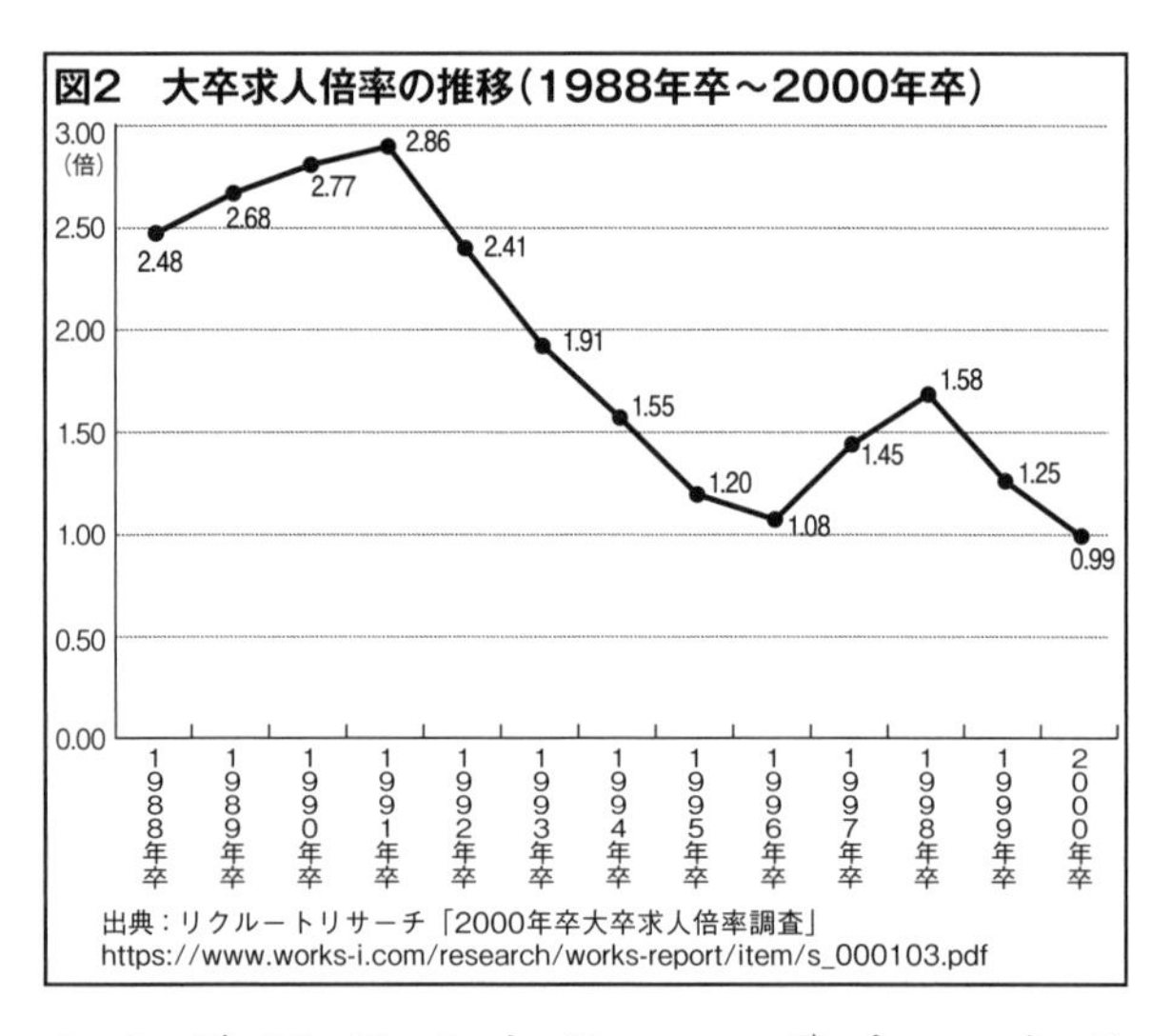

7431人となり、目標の1000万人に到達した。

（出典：「1980年代に海外旅行が急拡大した理由」トラベルボイスhttps://www.travelvoice.jp/20141111-27393）

そんなフリーアルバイターを経済的に支えていたのは、有り余るほどの求人です。当時、日本は深刻な人手不足であり、臨時雇いのアルバイトの時給が高止まりしていました。いわゆる「3K」（きつい、汚い、危険）という言葉が生まれたのもちょうどこの頃でした。特に建設業の人手不足は深刻で、1988年にイラン・イラク戦争が終

図3　賃金指数の推移―賃金指数は、97年以降下降傾向

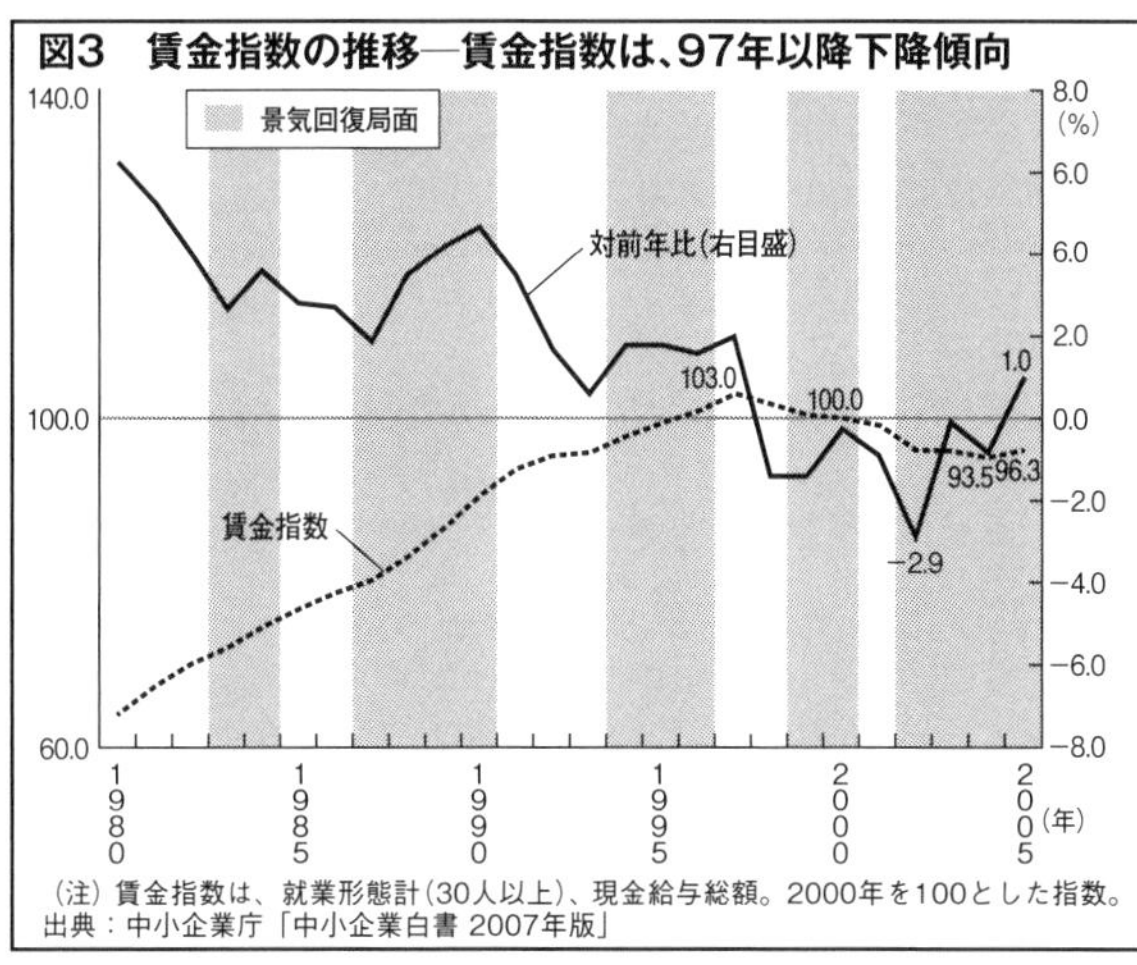

（注）賃金指数は、就業形態計（30人以上）、現金給与総額。2000年を100とした指数。
出典：中小企業庁「中小企業白書 2007年版」

結したことを受けて、イランから多くの建設労働者が日本に出稼ぎに来ていました。

　もちろん、アルバイトの時給が高止まりして、外国人労働者まで受け入れるぐらいの人手不足ですから、正社員は求人も給料も右肩上がりでした。データで確認してみましょう（図2、図3）。

　大卒の求人倍率は１９９２年まで概ね２・５倍前後で推移していました。また２０００年を１００とした賃金指数で見ても、80年から97年までは右肩上がり。株価のピークは89年、不動産価格のピークは91年ですが、賃金は遅行指数であるため、ピークを過ぎてから６年間も上昇が継続したのです。

例えば、１９８０年代後半に大企業の一般職として就職した女性の大多数は、毎年海外旅行に出かけることができました。また、先ほど紹介したフリーアルバイターや大学生などもバイトの時給が高かったので、頻繁に海外旅行に出かけて行ったのです。かくいう私も87年から1年間アメリカに留学し、90年に留学先を再訪しています。同じ年の夏には弁論部の仲間と中国でビジネスをしていた先輩のところに1週間ほど遊びに行きました。また、大学4年の卒業旅行では再び中国を訪れ、１か月ほどかけて各地を回りました。この時は三峡（さんきょう）ダムが建設される前だったので、重慶から上海まで長江の川下りの船旅を楽しみました。重慶で火鍋（ひなべ）に当たって寝込みましたが、いまではいい思い出です。とはいえ、当時はこれぐらいが普通だったのではないでしょうか。

『週刊東洋経済』２０１７年5月20日号の特集「最後の証言　バブル全史」には次のような証言が掲載されています。

「クラブは何軒もはしごするのが基本でした。一晩で10軒近く回ったこともあります」（都市銀行勤務　昌子さん）

「給料は右肩上がりで、ボーナスは年3回出ていた時代です。それでも遊んでいる暇なんてありませんでした。帰るのが面倒なので会社に泊まることが多かったな。自分用の毛布があったくらいです」（広告代理店勤務　武彦さん）

「フグやステーキの料理店から始まって、新宿のクラブに行くのがお決まりのコースでした。〝秘密クラブ〟に連れていかれたこともあります。そこでは指名した女の子を店外デートに連れ出して翌朝まで過ごすことができるんです。そのコースだと一晩で一人20万円ぐらいは使ったのでは」（流通会社勤務　幸一さん）

「当時『トレンディ』という言葉がありました。トレンディな店がオープンしたら1か月以内には行きたかった。週に3～4日は外食をしていました。そのうちに月30万円では（交際費が）足りなくなりました」（インフラ企業勤務　貴司さん）

（出典：『週刊東洋経済』２０１7年5月20日号　特集「最後の証言　バブル全史」）

バブル期の意外な真実

しかし、いい時代は長くは続きませんでした。１９８9年の日銀による金融引き締めと、翌年の大蔵省による総量規制は景気に大きなブレーキをかけました。企業が儲

図4　賃金及び物価上昇率の推移(年率)

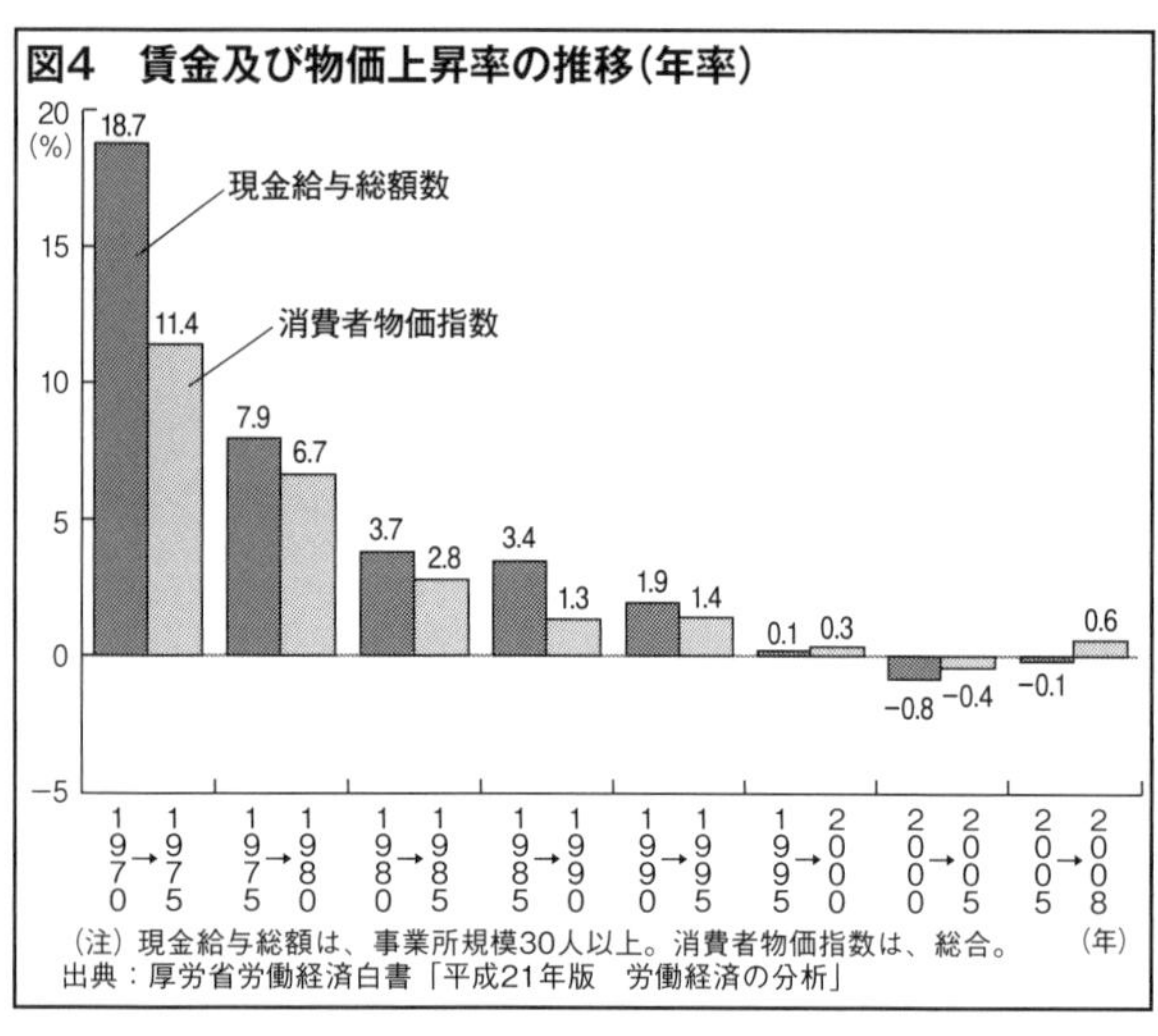

(注) 現金給与総額は、事業所規模30人以上。消費者物価指数は、総合。
出典：厚労省労働経済白書「平成21年版　労働経済の分析」

からなくなれば当然、社員の待遇も徐々に悪化していきます。とはいえ、日本企業ではいきなり給料がマイナスになったりすることはまずありません。最初に、給料の伸びが鈍化して、その次に伸び率がゼロになり、最後はマイナスに転じます。

データで確認しておきましょう。上のグラフは年代別の物価上昇率と名目賃金の伸びを比較したものです。所得の伸びは時代が下るにしたがって頭打ちとなり、1995年以降はほぼゼロ、2000年になるとマイナスになっています(図4)。

このグラフからもう一つ大事なこと

がわかります。バブル期を含む１９８５年から95年までの賃金および物価の上昇率は、後年言われているほどド派手に伸びたわけではなく、意外とマイルドであったということです。その伸び率は石油ショック以降の１９７５～80年の期間に比べて概ね半分程度。つまり、全体的にみれば高度成長期に比べて、バブル期が「カネ！　カネ！　カネ！」みたいな異常な時期ではなかったということです。繰り返しになりますが、バブル期に歪んでいたのは株と不動産の価格だけであり、それ以外の経済全般はうまくいっていて政府や日銀が手を付ける必要はなかったのです。

しかし、日銀は余計なことをしてしまいました。澄田総裁時代の利上げと、大蔵省の総量規制だけで十分なのに、後任の三重野総裁は追い討ち的な利上げをして必要以上に景気を冷ましてしまったからです。そして、これを機にすべては悪い方向に転がり始めました。株価が暴落し、不動産価格の上昇も頭打ちとなっていく中で、人々の不満は徐々に高まっていきます。そして、資産価格の変化に少し遅れて、実体経済に影響がでてきました。前頁で示したグラフ（図４）の通り、給料の伸びが鈍化し、ボーナスも減らされていったのです。

政権交代を生んだ経済事件への怒り

バブルの崩壊の過程で、鬱積した人々の不満はたびたび爆発しました。いや、途中から爆発しっぱなしになったと言っていいかもしれません。私はそのターニングポイントは1993年頃だと考えています。

人々の不満が爆発するキッカケはたびたびありました。そのキッカケとは、人々のルサンチマン（恨み・妬みの心）を掻き立てて余りある事件です。これは私の主観ですが、今から振り返ると、それらはおそらく次の7つの事件に集約されるのではないでしょうか。若い人はあまり知らないと思うので、簡単な説明文も付けてみました。

①1987（昭和62）年　NTT株第一次売出し↓1989（平成1）年暴落
「NTT株で儲かると聞いてたのに大損した！」（89年のNTT株暴落で、第一次〜第三次売出しで買った人全員が損失を抱える事態に）

②1988（昭和63）年　リクルート事件↓1989（平成1）年竹下内閣総辞職

「政治家や高級官僚だけが、未公開株の裏取引で大儲けしている！　許せん！」

③1990（平成2）年　住友銀行イトマン事件（その他、いわゆる乱脈融資）

「銀行は人さまから預かった金をヤクザに貸していた！　犯罪だ！」

④1991（平成3）年　野村證券損失補塡事件

「証券会社はヤクザを含む大口顧客に損をさせない約束をしていたのか！　不公平だ！」

⑤1995（平成7）年　住専問題と公的資金注入

「銀行の子会社が経営ミスで破綻したのに、国民の税金で救済するのは筋が通らん！」

⑥1997（平成9）年～98年　不良債権問題（三洋証券、拓銀、山一證券、長銀、日債銀が破綻）

「銀行や証券会社がいい加減な経営で破綻したのに、国民の税金で救済するのは納得できん！」

⑦1998（平成10）年　大蔵省接待汚職事件

「大蔵省が賄賂(わいろ)をもらって監督の手を緩めていたのか！　許せん！　大蔵省は解体だ！」

ＮＴＴ株の暴落と、リクルート事件による竹下内閣総辞職は、平成元（1989）年を象徴する事件でした。また、この年は消費税が導入された年でもあります。そして、日銀の利上げが始まったのもこの年。今思えば、その後の平成の長期停滞を暗示する出来事がいくつも重なった、大変不吉な年でした。

そして、翌平成２（1990）年には証券スキャンダル、平成３（1991）年には銀行スキャンダルと金融不祥事が相次ぎます。この時点で、先ほど挙げた７つの事件のうち、過半数を越える４つが発生したことになります。

後半の３つの事件のうち、住専問題と不良債権問題は銀行をめぐるスキャンダルです。銀行は名目上、民間企業ですが、大蔵省から許認可を受けた、半ば公的な立場にある組織です。銀行員といえば当時は社会的なステータスも高く、犯罪に手を染めるなど考えられませんでした。ところが実態は、ヤクザとズブズブで詐欺まがいの乱脈融資を繰り返し、金融検査を逃れるために子会社に損失を飛ばして隠蔽していたのです。しまいには破綻して国民に多大な迷惑をかけました。

そして、７つの事件の最後、トドメの一撃となったのは、大蔵省の接待スキャンダルです。公務員や政治家は本来、公共の利益を考えるべき立場にあるのに、金融検査に手心を加えて銀行の乱脈融資を事実上野放しにしていたのです。しかも、その見返りに酒池肉林の接待を受けて、私腹を肥やしていました。この事件では「ノーパンしゃぶしゃぶ」という「お下劣」なお店が一躍脚光を浴びることになります。そんないかがわしい店で接待を受け私腹を肥やす高級官僚。何とわかりやすい構図でしょう。この事実を知った国民の怒りは想像を絶するものがありました。

多くの人はバブル崩壊で給料も減り、ローンを組んで買った住宅の価格も下落、手持ちの株も塩漬けになっています。「なんでお前らだけが甘い汁吸ってんだ！　ふざけんな！」という怒りが噴出して当然です。７つの事件のうち４つ目が終わった後、その怒りは一度大爆発しました。なんと、それまで38年続いた自民党政権が倒れてしまったのです。

１９９３年７月、自民党は衆議院選挙で大敗し、非自民連立政権である細川内閣が8月に誕生しました。「経済的に困窮した人々は、救済を求めて危険思想に走る」、まさにこの言葉通りの展開でした。これ以降自民党は１９９８年７月から2年弱続いた小渕内閣の時期を除いて、単独政権を樹立することができなくなってしまいました。

第2章　ターニングポイントとなった1993年

個人投資家376万人増加、NTT株大暴落

少し時計の針を戻して、細川連立内閣の誕生までの経緯を、第1章で述べた7つの事件と関連付けて追いかけてみましょう。

日本電電公社が民営化されNTTとなり、株式が公開されて売り出されたのは1987年2月のことでした。売り出し価格は1株119万7千円。当初、政府内では純資産額でみた株価は21万円が妥当であり、当然売れ残ることも覚悟していたそうです。ところが、折からの上昇相場に後押しされて、NTT株は一瞬で売り切れました。まさに蒸発したという表現がぴったりでした。しかも、売り出しから2か月後の同年4月に株価は最高値の318万円をマーク。この時、多くの人は「あの時NTT株を買っておけば良かった！」と後悔したものです。

この後、日銀が金融引き締めを開始する1989年までにNTT株は2回売り出されました。第二次売り出しは87年11月（株価225万円）、第三次売り出しは88年10月（株価190万円）です。人々は柳（やなぎ）の下の二匹目の泥鰌（どじょう）を狙ってNTT株に群がり、2回目も3回目もNTT株はあっという間に売り切れてしまいました。ところが、これ

図5　公開直後、大ブームに—NTTの株価推移

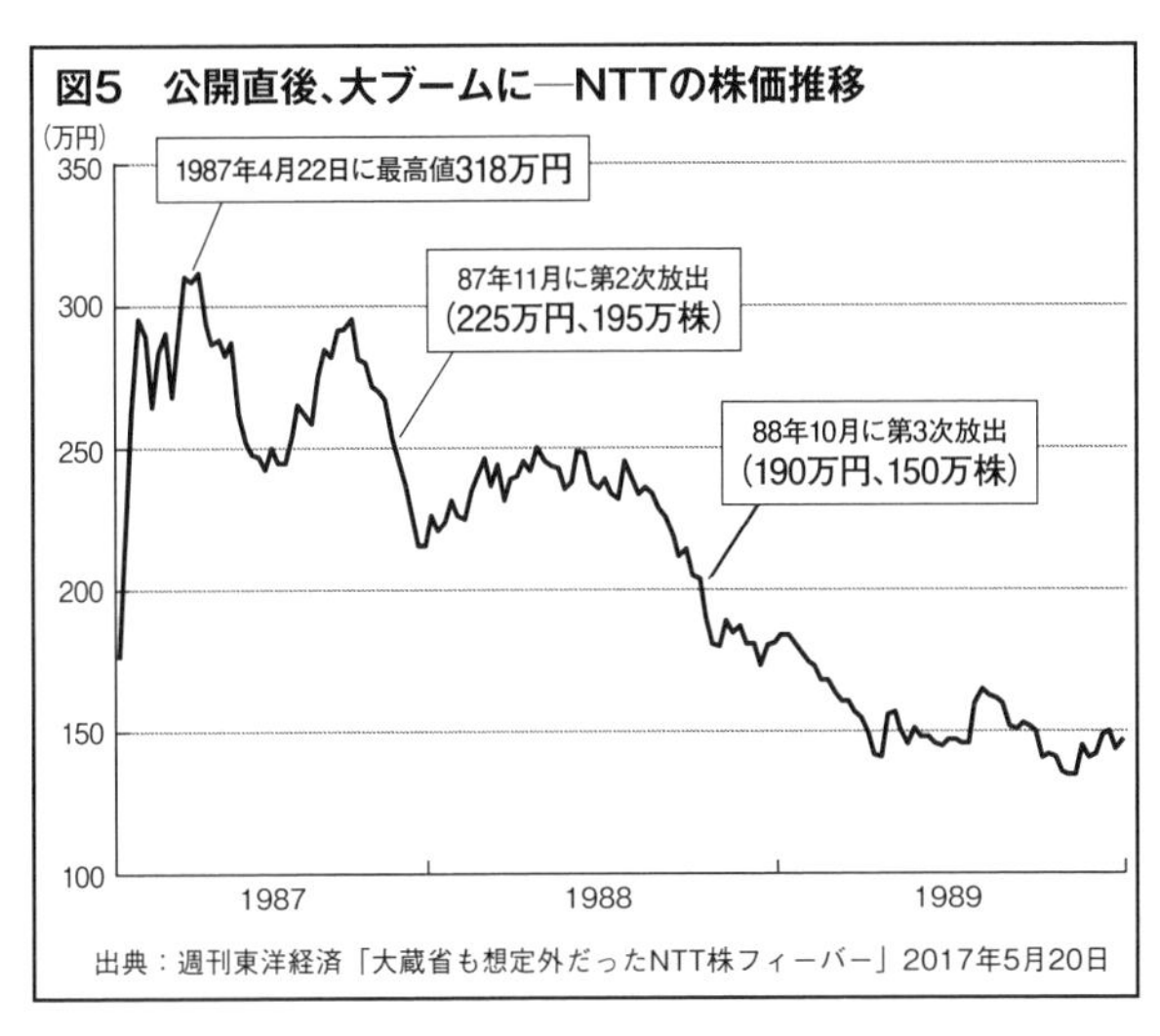

出典：週刊東洋経済「大蔵省も想定外だったNTT株フィーバー」2017年5月20日

は高値掴みもいいところだったのです（図5）。

日銀が金融引き締めを始める前の1988年10月頃から、NTT株は下落し始めました。売り出しの時は、これからは情報通信の時代だとみんな大風呂敷を広げていたのに、蓋を開けてみれば中身はスカスカ、NTTの株価は人々の思惑でつり上がっていただけだったのです。

ちなみに、インターネットが爆発的に普及するキッカケとなったマイクロソフトの「ウィンドウズ95」の発売は1995年8月です。NTT株の売り出しはその7～8年も前でした。いく

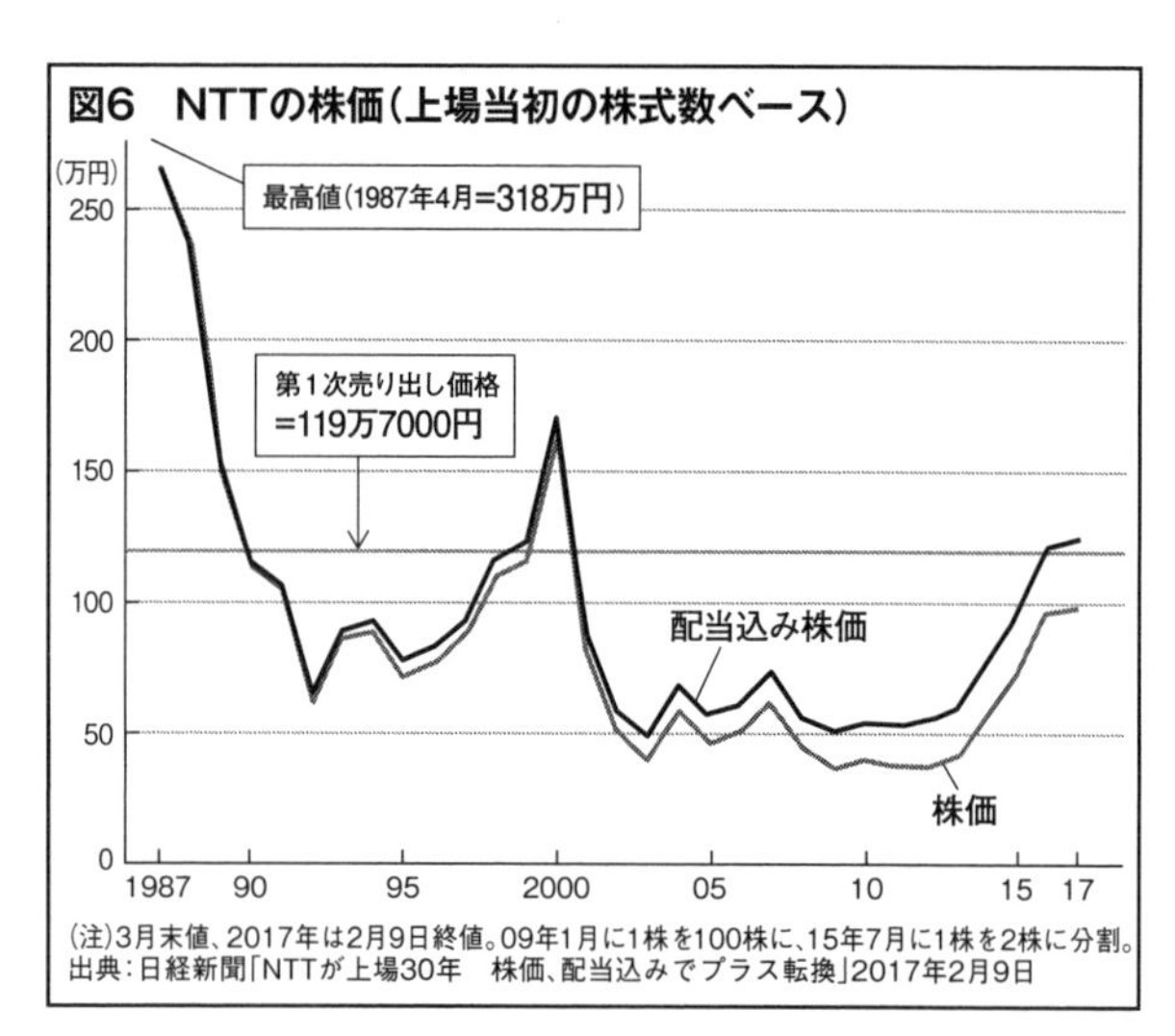

図6　NTTの株価(上場当初の株式数ベース)

(注)3月末値、2017年は2月9日終値。09年1月に1株を100株に、15年7月に1株を2株に分割。
出典：日経新聞「NTTが上場30年　株価、配当込みでプラス転換」2017年2月9日

ら技術革新のスピードが速いといっても、さすがにまだ通信株に飛びつくのは早すぎました。当然、思惑で上がり過ぎた株価は、その期待が萎んだときに下落します。そして、運悪く翌年（89年）３月から日銀の金融引き締めが始まってしまいました。これは相場全体の「買い」のエネルギーを萎ませるものです。期待感の剝落でただでさえ下落していたＮＴＴ株は、その影響をもろに受け、見るも無残に暴落してしまったのです。上のグラフをご覧ください（図６）。

この後、２０１７年までの約28年間で、第一次売り出し価格の１１９万円

を超えたのは2000年と17年の2回のみ。NTT株を買った投資家の大半が大損してしまったのです。

この大損がNTTの株主限定なら日本経済の傷はまだ浅かったのですが、問題はそれに留まりませんでした。1987年のNTT株放出がキッカケとなって、いわゆる「財テクブーム」が始まっていたからです。それまで株式投資に縁のなかった一般のサラリーマンや主婦が、第二のNTT株を求めて、株式市場に大量参入してきました。当時、政府もこの動きを「貯蓄から投資への動きだ」とばかりに後押ししていました。その背後には本シリーズ第5巻「大正・昭和時代」で解説した「前川リポート」の存在があります。日本を内需主導の経済に「構造転換」するため、マル優など貯蓄優遇策を止めるべきだというあの提言です。そして、当時の新聞やテレビもこれを煽りまくりました。日経ビジネスの調べによれば、86年から87年に株式市場に参入した個人投資家は376万人も増加し、うち119万人がNTTの株を購入したとのことです。

ところが1989年末の大納会を最後に、株価は本格的な下落を始めました。財テクブームに踊った人々は大変な損失を被り、それを煽った政府・日銀への不満はさらに高まりました。

リクルート事件の発覚

日銀は国民の批判をかわすために「バブル退治」などと大衆迎合的な姿勢を前面に打ち出しました。日銀の三重野総裁は狂乱状態にある株価や不動産価格を退治する「平成の鬼平(おにへい)」などとマスコミに持ち上げられ、いい気になっていたのです。

ちなみに、「平成の鬼平」と命名したのは評論家の佐高信(さたかまこと)氏です。佐高氏は後に『週刊金曜日』編集委員となる左派知識人です。本シリーズ第5巻でも指摘した通り、左派にはなぜか清算主義的な経済ハルマゲドンを好む傾向があります。佐高氏も日銀の引き締めを利用して、日本の資本主義を粉砕する意図があったのかもしれません。一度、ご本人にお話を伺ってみたいと思います。

ちょうどこの頃発覚したのが、リクルート事件です。リクルートの創業者・江副浩正(えぞえひろまさ)氏が、上場すれば値上がり確実だった子会社のリクルートコスモス社の未公開株を、政界、官界の大物にタダで渡していたという汚職事件です。1988年6月18日の朝日新聞の報道で発覚しました。当初は、川崎駅西口再開発に絡(から)む贈賄(ぞうわい)事件と思われていましたが、江副氏が未公開株を渡した相手があまりにも大物ぞろいだったため、すぐに大事件に発展しました。

未公開株を受け取ったのは、当時総理大臣だった竹下登氏、大蔵大臣の宮澤喜一氏、官房長官の藤波孝生氏、自民党幹事長の安倍晋太郎氏、元総理大臣の中曽根康弘氏、派閥の領袖だった渡辺美智雄氏、そして野党である民社党委員長の塚本三郎氏といった錚々たるメンバーだったのです。その人数はなんと、政治家だけで90人を超えていました。しかも、彼らが得た売却益は合計で6億円にも上っていたのです。今では考えられないような政治とカネの大問題でした。

しかも、これにはオマケがあります。この件を国会で追及しようとした衆議院議員の楢崎弥之助氏（社民連）を口止めしようと、リクルート社の社員が現金入りの紙袋を渡そうとしたのです。ところが、なんとこの様子を日本テレビのカメラがバッチリ捉えていました。実は、楢崎氏と日本テレビは最初から「おとり捜査」を仕組んでいたのです。もちろん、この様子は全国に放送され、大変な反響を呼びます。

東京地検特捜部は江副氏や藤波元官房長官、高石邦男元文部事務次官など12人を起訴し、全員の有罪が確定しました。それなのに竹下氏をはじめとする大物政治家は「秘書が……」「妻が……」「職務権限が……」と言い逃れをして、結局は立件されませんでした。

国民の怒りが爆発したのは言うまでもありません。ただでさえ消費税増税で不人気だった竹下内閣の支持率はさらに低迷します。そして、当時の消費税の税率だった3%に限りなく近づいていきました。

巨額の利益を生む闇の商売

1989年6月、竹下内閣は総辞職し、中曽根派の宇野宗佑（うのそうすけ）氏を首班（しゅはん）とする宇野内閣が成立しました。しかし、宇野氏の女性スキャンダルによってこの内閣はたった69日で倒れてしまいます。代わって総理大臣になったのは弱小派閥・河本（こうもと）派出身の海部（かいふ）俊樹（とし き）氏でした。

海部氏は中央大学の辞達学会（弁論部）の出身で、在学中に早稲田大学に編入し、そちらでも雄弁会に所属した私の大先輩です。竹下登氏も早稲田の雄弁会出身でしたので、この頃大学弁論部は社会的に注目される存在でした。

1990（平成2）年、私が大学2年生の時に、赤坂プリンスホテル旧館で開催された辞達学会のOB会には現役の総理大臣である海部氏がやってきて大盛況だったことを覚えています。私は学生服を着てこの会に参加しました。私は海部氏にアピールするため、ビールを注ぎに行こうとしたのですがＳＰに制止され、時の総理大臣に近づくことはできませんでした。

海部氏のお陰で自民党の支持率は回復し、国民の怒りも収まるかに思えました。しかし、バブル崩壊の影響は留まるところを知りませんでした。証券会社と銀行の不祥事が相次ぎ、再び国民の怒りに火が付いたのです。

まず問題となったのは金融機関と総会屋との関係です。両者の関係は株と不動産が右肩上がりに上昇している限りは良好でした。不正融資も対象となる物件の値上がりで結果オーライだったからです。さらに言えば、銀行・証券不祥事が発覚するまで、総会屋は企業と持ちつ持たれつの関係にあり、半ば社会から公認された職業でした。

総会屋には与党と野党があります。「与党総会屋」とは、会社側に立って株主総会を仕切る人々のことです。逆に「野党総会屋」とは、会社のあら捜しをして会社を困らせる人々です。与党は総会を無事に乗り切ることで企業から「お礼」をもらい、野党はクレームを出して暴れた後、それを引っ込めてやることで「お礼」を貰うビジネスでした。

ちなみに、総会屋とヤクザは基本的に「生い立ち」が違う別の商売です。ヤクザは昔からある商売で、江戸時代にはテキヤとか、博徒とか、金貸しとか、遊郭経営とか、いろいろな形態に「進化」していました。これに対して総会屋は近代の株式会社制度の成り立ちと軌を一にするものであり、基本的に明治以降の商売です。明治・大正期の総会屋は日本の工業化に伴う企業の環境汚染など、様々な企業の犯罪的行為に対して異を唱え、それを止めさせる義賊的な存在であったとも言われています。ところが、それがいつの間にか巨額の利益を生む闇の商売になってしまいました。

与党総会屋は力ずくで株主総会の秩序を守る必要があれば、ヤクザとも結託します。逆に野党総会屋が総会の秩序を壊すためにヤクザを連れてくることもあります。時代が下るにつれてヤクザと総会屋の間に人の交流も出てきたりして、一緒くたにされることが増えました。

今でこそ暴対法（暴力団員による不当な行為の防止等に関する法律）も制定され、企業のコンプライアンス（法令遵守）にもこれだけうるさい時代ですが、バブル崩壊期までは、未だ昭和の香りを引きずるコンプライアンス不在の時代でした。当時、銀行と総会屋は、ゴルフやお歳暮、お中元のやり取り、会誌の購入、危ない案件への融資などやりたい放題だったのです。旧第一勧銀の利益供与事件の裁判で、検察はその点について次のように述べています。

第一勧業銀行の利益供与事件公判の検察側冒頭陳述の要旨は次の通り（敬称略、肩書は当時）。

〔第一勧業銀行におけるいわゆる総会屋との対応等〕

第一勧業銀行ではいわゆる与党総会屋に対しては、ゴルフや飲食等の接待、中元・歳暮等の贈答を行うほか、株主総会で議長を務める会長ないし頭取や総務部幹部が会食を行うなどして、手厚く接遇していた。第一勧業銀行総務部では、同行の歴代最高幹部と親交を有する元出版社社長木島力也（故人）が、同郷の小池隆一を「隆ちゃん」と呼び、日ごろから、同人を引き立てていたことから、小池を木島のまな弟子と認識していた。

木島は昭和46年の合併以前から第一銀行の井上薫会長や日本勧業銀行の横田郁頭取と親密で、宮崎邦次頭取の時から第一勧銀の幹部らが木島を囲んで年2、3回マージャン大会を開くようになった。

（出典：「深淵・第一勧銀頭取達の犯罪」橋本光憲『神奈川大学国際経営論集』1999）

戦後最大の経済犯罪「イトマン事件」

ところが、バブルが崩壊して担保の不動産価格が下落し始めると状況は一変します。総会屋やヤクザに絡んだ大小さまざまな金融不祥事が続発しました。それは今風に言うコンプライアンス違反といった生易しいものではなく、文字通り犯罪そのものでした。実際に逮捕、起訴されて有罪になった金融関係者も多数います。

平成二年から三年にかけて発生した金融・証券不祥事については、各方面で議論が繰り返されている。金融証券不祥事とは、広義においては、金融・証券業の行為に関し社会的に非難されるような事件をいい、狭義においては、昭和六〇年以後、ことに平成二年ないし三年に発生した事件を指すのである。すなわち狭義の金融不祥事というのは、住友銀行関係者その他有力銀行関係者が系列のノンバンク等を利用して投機的土地買収に巨額な資金を融通して一般市民を困惑せしめた地価の大暴騰の原因となったこと、および富士銀行、東海銀行、協和埼玉銀行（現あさひ銀行）の関係者が偽造の定期預金証書や質権設定承諾書を担保として、ノンバンク等より巨額の資金の融通を受けたことである、とされている。
論者は、これに日本興業銀行・東洋信用金庫・料亭経営者尾上縫（おのうえぬい）のワリコー担保融資に端を発する同種事件を加えるのが適当と考える。
（出典：「研究ノート　一連の偽造預金証書事件について（前）」橋本光憲『国際経営フォーラム』(5)／神奈川大学国際経営研究所、1993）

この論文が指摘しているように、バブル崩壊によって銀行は大きなトラブルを抱えていました。中でも、「住友銀行関係者その他、有力銀行関係者が系列のノンバンク等を利用して投機的土地買収に巨額な資金を融通」した事件は、通称イトマン事件と呼ばれ、戦後最大の経済犯罪として有名です。

この事件は1990年5月、日経新聞がイトマンの不動産投資による借入金が1兆2000億円に達すると報じたことから発覚しました。住友銀行はこの事件で5000億円もの損失を被ったとされています。そのうち3000億円は闇社会に消えたと言われ、未だにその行方（ゆくえ）はわかりません。

イトマンは繊維商社で、住友銀行の有力な取引先でした。ところが、1970年代の石油危機で経営が悪化したため、住友銀行の磯田一郎頭取（当時）の信頼が厚く、懐刀といわれた河村良彦氏が社長として送り込まれました。河村氏は在庫の一掃に辣腕を振るい、たった2年で黒字化を達成しました。

その後、経営は順調に見えましたが、1985年のプラザ合意で円高が進むと、再び経営が悪化します。そこで、河村氏は繊維商社から総合商社への転換を図り、この難局を乗り切ろうとしました。しかし、この路線転換が大失敗します。

イトマンの元常務、傍士倶明氏の証言を元に、産経新聞が当時の模様を記事にしていたのでご紹介します。

傍士氏は「次の社長を送り込みたい銀行側の意向がある中で、長くイトマンにとどまりたい河村さんは業績を伸ばす焦りがあったのかもしれない」と推測する。

一方、住銀の磯田氏もメーカーに積極融資する姿勢を取っており、収益を伸ばすためにイトマンを仲介して不動産を中心とした融資を進めていた。

それに目を付けた経営コンサルタントの伊藤氏が平成2年2月、住銀名古屋支店の紹介でイトマン入り。暴力団関係者が背後にいるといわれた伊藤氏は、怪しげなゴルフ場開発や土地購入の話を持ってきては河村氏に投資を勧めたという。

傍士氏は「これらの投資話は社内で『伊藤案件』と呼ばれていたが、伊藤氏はもともと不動産関係をやっていたし、違和感はなかった。河村さんの信頼もあり、一時は副社長の話もあった」と振り返る。

伊藤氏とつながりのあった許氏は、河村氏に美術品や貴金属への投資を持ちかけ、鑑定書を偽造するなどして市価の2～3倍で売りつけて暴利をむさぼった。

（出典：「【衝撃事件の核心】イトマン事件ＯＢ激白『裏側伝えたい』」産経新聞２０１８年12月19日）

「経営コンサルタントの伊藤氏」とは伊藤寿永光氏のことで、山口組のフロント企業の代表をしていました。「許氏」とは在日韓国人の許永中氏のことで、山口組や政治家の亀井静香氏など、キーパーソンに様々な人脈を持ちフィクサーと言われていた人物です。こんな連中の持ち込む案件がまともなはずはないのですが、住友銀行は審査の過程で問題点を見抜くことはできませんでした。

ところが、こういった不透明な取引は住友銀行に限らず、当時の長信銀、都銀、地銀から地域密着の信用金庫、信用組合にいたるまでみんなの常識でした。これら問題案件がやがて住専問題、そして不良債権問題として噴出するのはこの事件の発覚から5年後のことでした。この点については後述します。

ついに日経平均株価が2万円割れ

「サラリーマンが一生働いても家一軒買えない」状態なのに、銀行は裏社会と結託して濡れ手で粟。国民の怒りが爆発するのも無理はありません。もちろん、そんないい加減な銀行を税金で救済しようなどもっての外です。護送船団方式と言われた大蔵省の銀行行政は基本的に性善説で成り立っており、銀行が破綻した場合は「その都度救済策を考える」というお粗末なものでした。「不良債権であっても、最終的に損失が確定するまでは含み損であって本当の損失ではない」というのが当時の常識であり、ある意味恐ろしいどんぶり勘定が大蔵省公認で行われていたのです。不良債権の分類と破綻の確率を対比させ、それに融資額を掛けて合わせて引当金（将来発生する特定の費用や損失に備えるため、あらかじめ当期の費用として繰り入れて準備しておく見積もり金額）を割り出すという基準が作られたのはこのイトマン事件の発覚した3年後の１９

９３年のことです。実はこの計算式を作ったのが、当時大蔵官僚だった髙橋洋一氏でした。

イトマン事件の翌年に発覚したのが証券スキャンダルです。具体的には、野村證券と日興證券の大口客に対して行っていた損失補塡（ほてん）という問題でした。要するに、個人投資家のような小口客には損をさせておいて、大口客には損をさせないように贔屓（ひいき）していたということです。多くの個人投資家は１９８９年末以降の株価下落で損失を抱えていました。そんな中、一部の大口取引先だけ、その損失が穴埋めされていたわけです。その金額は証券業界全体で約２１６４億円だったと言われています。

損失補塡の対象となったのは日産自動車や伊藤忠商事、松下電器（現パナソニック）など超一流の大企業ばかりでした。証券会社はこれら大企業の社債の起債で手数料をたくさん儲けていたために、営業特金（とっきん）（特定金融信託。顧客企業から資金運用を一任された証券会社が高い利回りを保証した）とファンドトラスト（顧客から資金を預かり、信託銀行の判断で運用・管理する金融商品）という仕組みを使って、彼らの損失を穴埋めしていました。

そもそも、この事件（野村證券と日興證券の問題）が発覚する２年前、１９８９年11

月に大和證券による別の損失補塡問題が発覚していました。大蔵省はこれを重く見て、証券会社に対して損失補塡を止めるよう強く求め、損失補塡の温床となる営業特金を廃止し、投資顧問付特金（売買の指図を証券会社が行うことを禁止し、一任勘定を投資顧問会社付けとするもの）へ移行するよう通達を出しています。

ところが、この通達には全く効果がありませんでした。大蔵省が慌てて調査してみると、2年前の通達にも拘わらず、損失補塡が広く証券業界全般に蔓延していて、全く改善されていなかったのです。さらに悪いことに、野村證券と日興證券の場合、金融子会社を通じて暴力団幹部に資金融資まで行っていました。完全にアウトです。

1991年8月には、占いと神のお告げによって株式相場で連戦連勝と謳われた、カリスマ投資家で大阪の料亭経営者、尾上縫氏が詐欺罪で逮捕されました。尾上氏は、日本興業銀行など複数の金融機関から、一時は約2兆円もの資金を借り入れ、主に株や不動産などで運用していました。しかし90（平成2）年からの株価暴落で巨額の損失を被ります。当時、多くの人はこの下落は一時的なもので、いずれまた株価は上昇すると思い込んでいたのですが、尾上氏もその例外ではありませんでした。新しい投資で一発逆転を狙い、その資金を得るために東洋信金の支店長らと共謀して預金証書を偽造したのです。これはまさに犯罪です。尾上氏は詐欺罪で懲役12年の実刑判決をくらっています。

このようなデタラメが横行していたことが発覚する中、日経平均株価は下がり続けました。1992年3月、ついに2万円割れとなります。そして、不動産価格も91年をピークに下落を開始していました。不穏な空気が次第に日本を包み込み始めていたのです。

日米構造協議の圧力

ちょうどこの頃大学4年生だった私は、就職活動の真っ最中でした。雇用に関連する指標は一般的に遅行指数と言われます。世の中が不穏な空気に包まれ、マズい方向に動き始めていても、その影響が雇用環境に及ぶまでにはタイムラグがあります。

かくいう私の場合も、そのタイムラグのお陰で助かりました。30頁にある当時の大卒求人倍率のグラフ（図2）をご覧ください。1987年からこの数字は右肩上がりで推移し、91年卒の時にピークの2・86倍を付けました。翌92年卒は2・41倍、そして私の世代である93年卒では2を下回りましたがそれでも1・91倍ありました。今振り返ればこれが最後の売り手市場だったのですが、当時私は全くそのことに気付いていませんでした。

日銀は1991年7月以降、利下げを開始しましたが、そのペースは利上げの時に比べれば半分でしかありませんでした。日銀は過度にインフレを警戒するばかりで、景気の悪化には全く配慮がなかったのです。日経平均が2万円割れとなった翌月の92年4月、日銀は公定歩合を4・5%から3・75%へと引き下げました。引き下げ幅は0・75%。極めて中途半端です。もしこの時2%ぐらい一気に引き下げていたら状況は全く違っていたでしょう。しかし、できませんでした。それは日銀総裁の三重野氏がインフレファイターだったからです。

そして、もう一つ大事なことがあります。1989年に始まった日米構造協議を覚えているでしょうか？　現在、中国がアメリカから通商面での圧力に晒されていますが、あれと同じ圧力をこの頃の日本はアメリカから受けていたのです。

1989年にベルリンの壁が崩壊し、ソ連の衛星国だった東欧諸国の共産党独裁政権は次々に民衆に倒されていきました。親玉のソ連も91年に崩壊しますが、その弱体化の過程において当時経済力2位の日本がアメリカの脅威として認識されるようになりました。とはいえ、日本はアメリカと価値観を同じくする自由主義陣営の一員です。アメリカはかつてのように日本を軍事力で叩き潰すことはなく、日本の経済システムが閉鎖的、排他的であると言いがかりをつけ、通商面での圧力をかけてきたわけです。

当然、日本政府は身構えます。日米構造協議から日米包括協議にいたる約７年間の長い戦いの幕開けでした。この間、政府及び日銀はアメリカとの通商交渉に支障をきたさないように配慮していました。そのため、為替レートについてもあまり円安が進み過ぎて、「為替操作国」という非難を浴びないようにとの配慮がなされていたのです。この点を指摘したのが経済学者のロナルド・マッキノン氏と大野健一（おおのけんいち）氏です。上武大学教授で、経済学者の田中秀臣（たなかひでとみ）氏は次のように説明しています。

長期的な円高トレンドとそのトレンドの中での循環的な円安をロナルド＝マッキノンと大野健一は、著作『ドルと円』の中で、「円高シンドローム」と名づけた。その概要は以下の通り。

（一）日本の貿易収支黒字が拡大し始めると、米国サイドの保護主義圧力が高まると共に、米政府高官の円高容認が頻繁に聞かれるようになる。

（二）日本の金融政策が円高と整合的な国内ファンダメンタルズを作り出すような「引き締め気味」の政策スタンスへと変化する（通貨当局による円高容認スタンスも含まれる）。

（三）日本の物価が米国の物価に比べ下落し、デフレ的な傾向が強まる。

（四）デフレ傾向を反映して長期的な円高予想が金融市場で支配的になる（循環的に円安局面を迎えることがあるものの、ある水準を越えると反転し、中長期的には円高トレンドを変えることはない）。

マッキノンらは80年代のプラザ合意以後90年代央までの事態を考えてこの円高シンドロームの原因を模索した。それは米国の政治経済的圧力と日本政府・日銀の同調によるものとして整理された。

（出典：「マッキノンと円高シンドローム」田中秀臣のブログhttp://tanakahidetomi.hatenablog.com/entry/20141005/p1）

「円の足枷」

ちょうどこの時期、就職活動をしていた私は、野村證券に勤務していた辞達学会の先輩から似たような話を聞きました。「日本が経済大国になって、アメリカを追い抜きそうになってしまったから、アメリカが日本政府に圧力をかけてバブルを潰させた」という陰謀論です。かの有名な「野村ストーリー営業」（顧客に商品やサービスでなく物語を売る）のネタだったと思いますが、この陰謀論は当たらずしも遠からずでした。

次頁のグラフは現日銀審議委員の安達誠司（あだちせいじ）氏が作成したものです。１９８０年代後半から、購買力平価（ある国である価格で買える商品が、他国ならいくらで買えるかを示す交換レートで購買力の比率）でみた適正レートに比べて約20～30％の円高が不自然に続いていたことがわかります。そして、この円高シンドロームは２０００年頃終わりかけたのですが、その後も「円の足枷（あしかせ）」としてしつこく日本経済の足を引っ張り続けました。日本がこの足枷から明確に脱したのはアベノミクスが始まる２０１２年以降になります（図7）。

ちなみに、大卒の求人倍率は私が社会人となりリクルーターをやっていた1993年以降、急速に悪化します。私と同世代の93年卒は1・91倍でしたが、翌年は1・55倍、その次の年は1・20倍へと急降下しました。

私が当時勤めていた日本長期信用銀行（長銀）の場合、私の同期の新卒総合職は約90名、一期下の世代はその半分に激減した記憶があります。私と同じ年に伊藤忠商事に就職した弁論部の友人に確認したところ、1994年入社の新卒内定者は長銀と同様に前年比で半減したとのことでした。おそらく、これは長銀と伊藤忠に限らず、この頃の大企業全般に広がっていた雇い止め傾向だったと推察します。

グラグラ煮えている鍋は火を止めてもしばらくは余熱で熱いのですが、時間が経つとどんどん冷めてくる。先ほど述べた通り雇用は遅行指数です。中でも新卒採用は企業が最後まで手を付けない分野です。そのコアな部分が、１９９２年就職活動組（93年入社）と93年就職活動組（94年入社）の間で大きく断絶している。つまり、このあたりがバブル崩壊の中でもターニングポイントだったのです。

例として、ゾンビ映画を考えてみてください。ゾンビの数がまだ少ないうちは社会システムが生きていて、警察がゾンビを撃って駆逐したり、噛まれたら病院で手当てを受けられたりします。時には軍が出動して、ある程度の安全地帯を確保してくれたりもします。ところが、ゾンビの数が増えすぎてある閾値を超えると、ゾンビの攻撃に耐えきれなくなった社会のシステムは崩壊します。１９９３年に起こったことは、まさにそのようなものだったのではないでしょうか？

政治腐敗の象徴

次頁のグラフは１９８０年以降の日本の経済成長率（名目、実質）の推移を表した

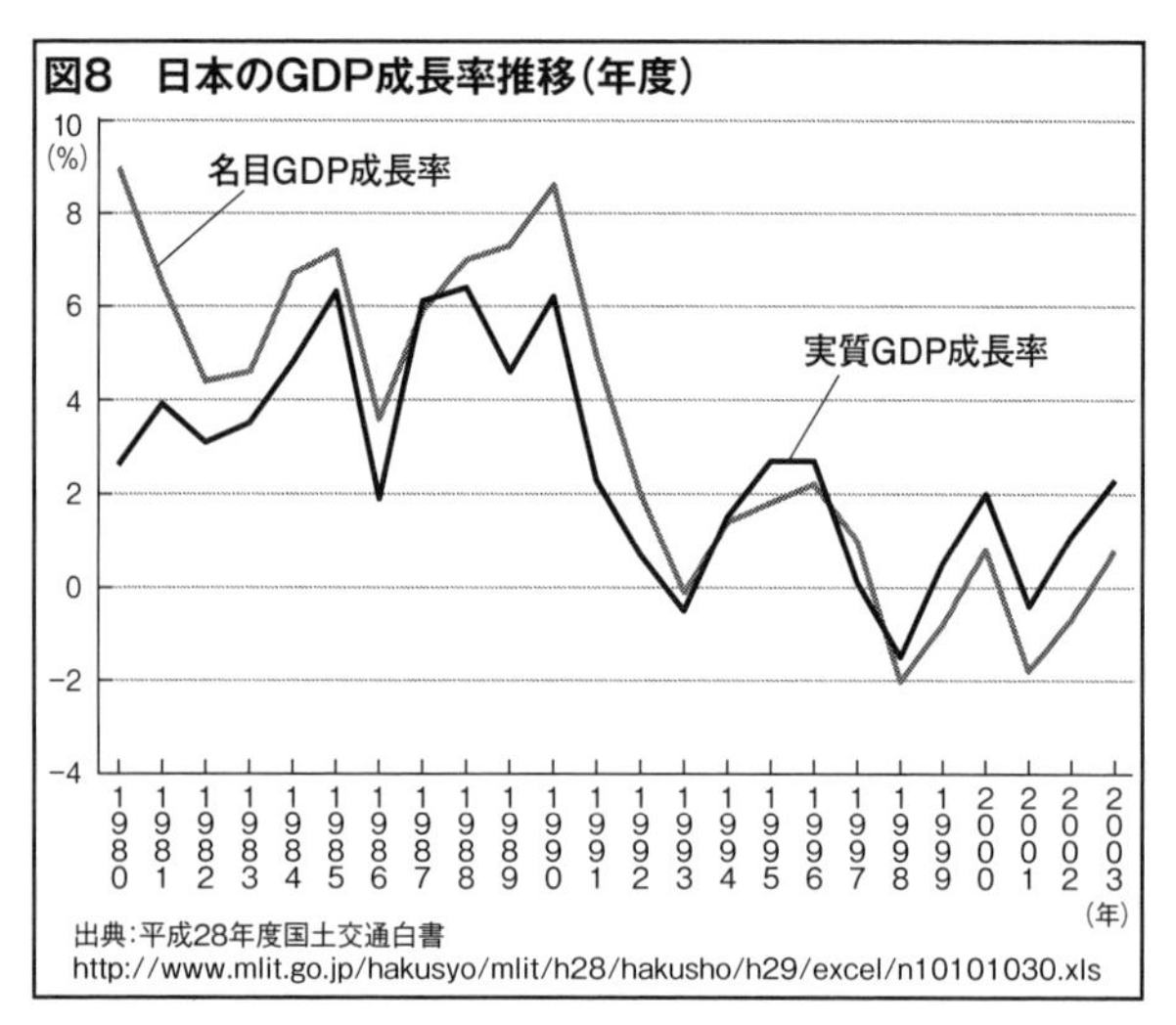

ものです（図8）。

1990年から93年にかけて経済成長率は名実共に急減しています。93年はついに実質経済成長率がマイナスになりました。

そして、これがターニングポイントであったことを象徴する事件こそ、93年8月の非自民連立政権である細川内閣の誕生です。まさに経済的に困窮した人々がヤケを起こして自民党を政権から引きずり下ろしたのです。

1991年11月に成立した宮澤内閣は金融機関の不良債権問題や政治腐敗防止について国民からの期待を背負っていました。宮澤喜一首相はマスコミに「平成の高橋是清」などと持ち上げられていました。ところが、不良債権処理の目玉として掲げた公的資金注入は国民の猛反発で頓挫し、政治改革の目玉として掲げた小選挙区制度導入も党内をまとめきれず実現できませんでした。あまりのグダグダぶりに国民が失望する中、１９９３年3月に自民党副総裁だった金丸信氏が脱税容疑で逮捕されました。家宅捜索で大量の金の延べ棒（無刻印）が発見されたことを覚えている方も多いと思います。まさに政治腐敗の象徴である金丸氏が逮捕されたことで、国民の政治改革を求める声はさらに強まりました。

崩れ去った細川連立内閣の幻想

自民党の羽田孜氏や小沢一郎氏を中心とする羽田派は、政治改革を実現するとの大義名分を振りかざして自民党執行部に公然と反旗を翻しました。そして、羽田派を中心とした造反により１９９３年6月18日、野党が提出した内閣不信任決議案は可決され、衆議院が解散されました。羽田派はこれを好機と集団離党し、新生党を結成して選挙に臨みました。またこれとは別に武村正義、鳩山由紀夫らも自民党を離党して新党さきがけを結成します。さらに、熊本県知事から国政を目指し日本新党を結成して

細川連立内閣が発足　（提供：共同通信社）

いた細川護熙氏も政治改革を訴えて幅広い支持を集めました。結成当初の日本新党には現参議院議員の山田宏氏や現東京都知事の小池百合子氏など錚々たる若手が集まっていました。

そして、1993年7月に行われた衆議院選挙の結果、なんと自民党は過半数割れとなってしまったのです。38年の長きにわたって続いた長期政権が初めて土を付けた瞬間でした。当時の多くの人にとって、初めて体験する政権交代でした。

日本新党の細川護熙氏を首班とする細川連立内閣は、国民からある種の興奮をもって迎えられました。この政権交代は、ある意味スカッとする瞬間であったことに違いありません。当時、マスコミに踊らされていた社会人一年目の私も、これで日本が変わると本気で思っていました。

しかし、この細川内閣の幻想は短期間で崩れ去ります。なぜなら、この連立政権は単に自民党政権を終わらせるためだけに集まった烏合の衆だったからです。元自民党の人たちが作った日本新党、新生党、新党さきがけ、社会主義イデオロギー政党の社会党とその分派の社民連、宗教政党の公明党と、この中では一番まともな民社党。当然ですが、安全保障や経済など国の基本政策に対する考え方はバラバラでした。

特に、社会党は「自衛隊は違憲である」「北朝鮮による日本人拉致はでっち上げ」「ソ連や中国の核はきれいな核」といった極左的なドグマ（教義）に囚われたイデオロギー政党であり、大いに足を引っ張りました。そもそも、万年野党、それも無責任野党の社会党が内閣に入ること自体が大きな矛盾でした。

とはいえ、細川内閣は政治改革の目玉と言われた小選挙区比例代表並立制を成立させました。１９９４年3月のことです。この法案を通したことで力を使い果たした細川連立内閣は瓦解し、羽田孜氏を首班とする羽田内閣が成立します。ところが、成立直後に社会党が連立から離脱してしまいました。羽田内閣はたった3か月の短命内閣で終わってしまったのです。

村山内閣の誕生

連立与党を離脱した社会党は、なんと38年間にわたって敵対し続けた自民党と大連立を組みます。この時、成立したのが村山富市内閣です。１９９４年6月30日のことでした。

政権に返り咲くことを最優先した自民党はここで、社会党に大きな妥協をしたと言われています。その一つが後世に害悪しか残さなかった村山談話です。

わが国は、遠くない過去の一時期、国策を誤り、戦争への道を歩んで国民を存亡の危機に陥れ、植民地支配と侵略によって、多くの国々、とりわけアジア諸国の人々に対して多大の損害と苦痛を与えました。

（出典：「戦後50周年の終戦記念日にあたって」https://www.mofa.go.jp/mofaj/press/danwa/07/dmu_0815.html）

村山首相は大東亜戦争が侵略戦争だったというのでしょうか？　当時、アジア各国

非自民政権崩壊、自社さで村山政権誕生　（提供：共同通信社）

はすでに欧米諸国に侵略されて植民地になっていました。日本が進出したのはアメリカ領のフィリピンであり、オランダ領のインドネシアであり、イギリス領のシンガポールであり、フランス領のベトナムです。日本は当時の常識で言うところの植民地の奪い合いに参戦したわけです。また、支那大陸については、蔣介石（しょうかいせき）の国民政府はあるものの、今のシリアのような無政府状態であり、列強はその権益（けんえき）を巡ってしのぎを削っていました。日本もその渦中にいたに過ぎません。

　村山談話によれば、日本はアジア諸国に一方的に迷惑をかけたような口ぶりですが、迷惑という点で言うなら300年もインドネシアを植民地支配したオランダなど、欧米列強はそれ以上の大迷惑をかけていたわけです。しかしながら、欧米諸国がかつての植民地支配を謝罪して賠償したという話は寡聞(かぶん)にして聞きません。村山談話で語られるようなステレオタイプな自虐史観と歴史的事実の間には、大きな開きがあるように思えます。

とはいえ、妥協したのは自民党だけではありません。実は社会党も自民党に大幅な妥協を強(し)いられました。自民党と連立政権を組むにあたり、政策を180度転換させ、自衛隊は合憲、日米同盟を尊重、原発肯定と言わざるを得なくなったのです。これは社会党の支持基盤を揺るがす大事件でした。結果として、社会党はこの後分裂を繰り返します。1996年1月に党名を社会民主党（社民党）に変更しましたが何の効果もなく、同年10月の衆院選では、分裂でただでさえ減った30議席からさらに半減して15議席になるという大惨敗を喫(きっ)しました。

阪神淡路大震災

こんな自社大連立のドタバタ劇の真っ最中に発生したのが阪神淡路大震災です。1995年1月17日午前5時46分、淡路島北部沖を震源とするマグニチュード7・3の大地震が発生しました。当時、神奈川県藤沢市に住んでいた私ですら大きな揺れを感じるぐらいの大地震でした。

被害を受けたのは、淡路島、神戸、芦屋、西宮など兵庫県の瀬戸内海沿岸です。大阪や京都も被害を受けましたが、西宮の被害に比べれば桁が1つか2つ下でした。

阪神淡路大震災　（提供：共同通信社）

私の父は兵庫県西宮市の出身であり、私はこの地震の直後に祖母のことが心配になりました。安否確認の電話がやっとつながった時、祖母は震える声で「こわかったでー」と言ったのを今でも覚えています。また、従兄の賢治君は当時大阪の職場に通っていましたが、「武庫川を渡ると被害が桁違いに少ない。大阪ではもうバーゲンやってるんやで。信じられへんわ」と言っていました。そして、この地震のショックで祖母はその後入院し、同年9月に亡くなってしまったことは今でも悲しい思い出です。

死亡者数は6434人。この16年後に発生した東日本大震災に次ぐ戦後2番目の被害となった大震災でした。被害総額は国土庁や兵庫県などの推計で約10兆円と言われています。この大災害に際して、村山首相の動きが遅かったのではないかと後世批判する向きがあります。しかし、これは事実ではありません。当時、官房副長官だった石原信雄氏および兵庫県知事だった貝原俊民氏は次のように証言しています。

自衛隊は中部方面総監部のある伊丹の部隊が真っ先に倒壊した阪急・伊丹駅に偵察班を派遣したが、本格的な災害出動は、午前10時頃に行われた兵庫県知事の要請に基づき、姫路の部隊が出動した。だが、神戸での救助活動は午後1時過ぎからだった。社会党の首相は自衛隊嫌いで出動要請をためらったのでは、といった批判が噴出した。事務の官房副長官だった石原信雄（現地方自治研究機構会長）が反論する。

「出動をためらったなんて絶対にありません。自衛隊が見えないと首相官邸に随分、電話がかかってきたから、私も気になって防衛庁の村田直昭（むらたなおあき）防衛局長に電話で言ったら、『やっています。道路が大渋滞で、主力部隊が入っていないだけで』と言っていた。それが実態です」

兵庫県知事だった貝原俊民（現兵庫地域政策研究機構理事長）は、本人の言によれば、当日、兵庫県庁から約４キロ離れた知事公舎で大地震に遭い、７時過ぎまで公舎で各所と連絡を取ってから、渋滞に巻き込まれながら、８時過ぎに県庁に登庁したという。

自衛隊への派遣要請の権限を持つ貝原は振り返って述べている。

「自衛隊と交信ができなかった。８時の段階で、姫路の連隊からこちらの係員にやっと通じた。『大災害だから、準備を。すぐ要請するから』と言ったところで切れて、それ以降、連絡が取れなかった。いまだから言ってもいいと思うけど、出動要請が遅かったというのは、自衛隊の責任逃れですよ」

（出典：「阪神大震災。なぜ自衛隊出動が遅れたか」塩田潮『ＰＲＥＳＩＤＥＮＴ』２０１１年５月30日号）

石原信雄氏は同記事中で、「村山さんは閣僚経験もなく、就任まで野党の党首だったから、各責任者に権限を与え、フルにやらせて、どんな結果でも自分が全部かぶるという姿勢を示した。これは正しかったと思う。罷り間違えば政治生命を失うわけです。それを全然、意に介しなかった。そういう覚悟だった」と述べ、16年後の東日本大震災で醜態を晒した菅直人首相とは全く違ったと証言しています。

また、村山首相は震災発生後、即座に復興予算を成立させています。1994年度の第2次補正予算として1兆223億円を計上し、道路・鉄道・港湾機能の回復、仮設住宅やがれき処理などの緊急支援を行いました。その後、復興予算は継続的に計上され、94年度から99年度までに、総額5兆200億円が投じられました。もちろん、この復興予算を主導したのは自民党です。村山首相はここで変に「社会党色」を出してゴネたりすることはありませんでした。阪神大震災に関連する復興事業費の総額は最終的に約16兆3千億円まで膨れ上がり、国がそのうち約8兆円を負担しました。その財源は国債です。悪魔のような復興増税はこの時はありませんでした。

最悪のタイミングで消費税増税

１９９５年に即座に復興予算が組まれ執行されたことに加え、日銀はこの当時、91年以降のペースが遅すぎる利下げを続けていました。95年4月に公定歩合はバブル期を下回る１％まで引き下げられ、同年9月には０・５％にまで引き下げられました。財政の大盤振る舞いと金融緩和の効果で、日本経済は束の間の回復を見せます。実質ＧＤＰ成長率は95年度で２・７％、96年度も同じく２・７％でした。93年度のマイナス０・５％からの見事な回復だったと言えるでしょう。

しかし、非常にタイミングが悪いことに阪神淡路大震災の２か月前の１９９４年11月、村山内閣は消費税率を５％に増税する税制改革関連法案を成立させてしまいました。震災があったのだからこの増税は取り下げるべきでしたが、この既定路線は変更されることなく、橋本龍太郎内閣に引き継がれます。

橋本首相は１９９５年、96年の景気回復を過大に見積もり、大蔵省の「今増税しないと財政破綻する」という「ご説明」に簡単に納得してしまいました。後に橋本氏は「大蔵省に騙された」との趣旨の発言をしていますが、本当でしょうか？　結局、村山内閣からの増税路線を否定することなく、97年4月に消費税は3％から5％に増税されます。これが景気への冷や水となり、束の間の景気回復は脆くも2年で崩れ去りました。そして、最悪なことにこの時を境に、日本はデフレの罠に陥りました。

消費税を増税したことで景気は低迷し、1998年の税収は前年の53・9兆円から49・4兆円へと4・5兆円も落ち込んでしまいました。景気悪化により企業の利益や労働者の給料が減って、法人税や所得税が大幅に落ち込みました。そのマイナスが消費税の増収分を打ち消して負のおつりがきてしまったのです。

さらに、この時を境に名目GDP成長率から実質GDP成長率を引いたGDPデフレーター（物価指数の一種）はマイナスとなりました。2012年まで続く、長く苦しいデフレのトンネルの入り口でした。そして、これが最終的に約14万人の日本人を自死に至らしめた経済大量虐殺の始まりだったのです。

第3章 デフレの泥沼

経済ハルマゲドンの入り口「住専問題」

再び時計の針を阪神淡路大震災の直後に戻します。１９９５年3月20日、オウム真理教による地下鉄サリン事件が発生しました。狂信的な宗教団体がハルマゲドンそのものを起こそうとした恐ろしい事件でした。

経済の面では、経済ハルマゲドンの入り口とも言われる「住専問題」が発覚しました。住専とは住宅専門金融会社の略称で、個人向けの住宅ローンを提供するノンバンクのことです。その多くは銀行の系列会社で、バックについている銀行のことを「母体行」と呼びました。

１９９０年に大蔵省の総量規制が実施されると、母体行から住専への資金供給は制限を受けるようになります。ところが、なぜかこの規制には例外がありました。農協系金融機関だけが規制の対象外とされたのです。そのせいで、農協系金融機関から住専に多額の資金が流れました。しかし、土地バブルは91年にピークを付けて不動産価格の下落は始まっています。このビジネスがうまくいくはずがありませんでした。

データで確認しましょう。次頁と82頁のグラフは公示地価を元に作成したものです

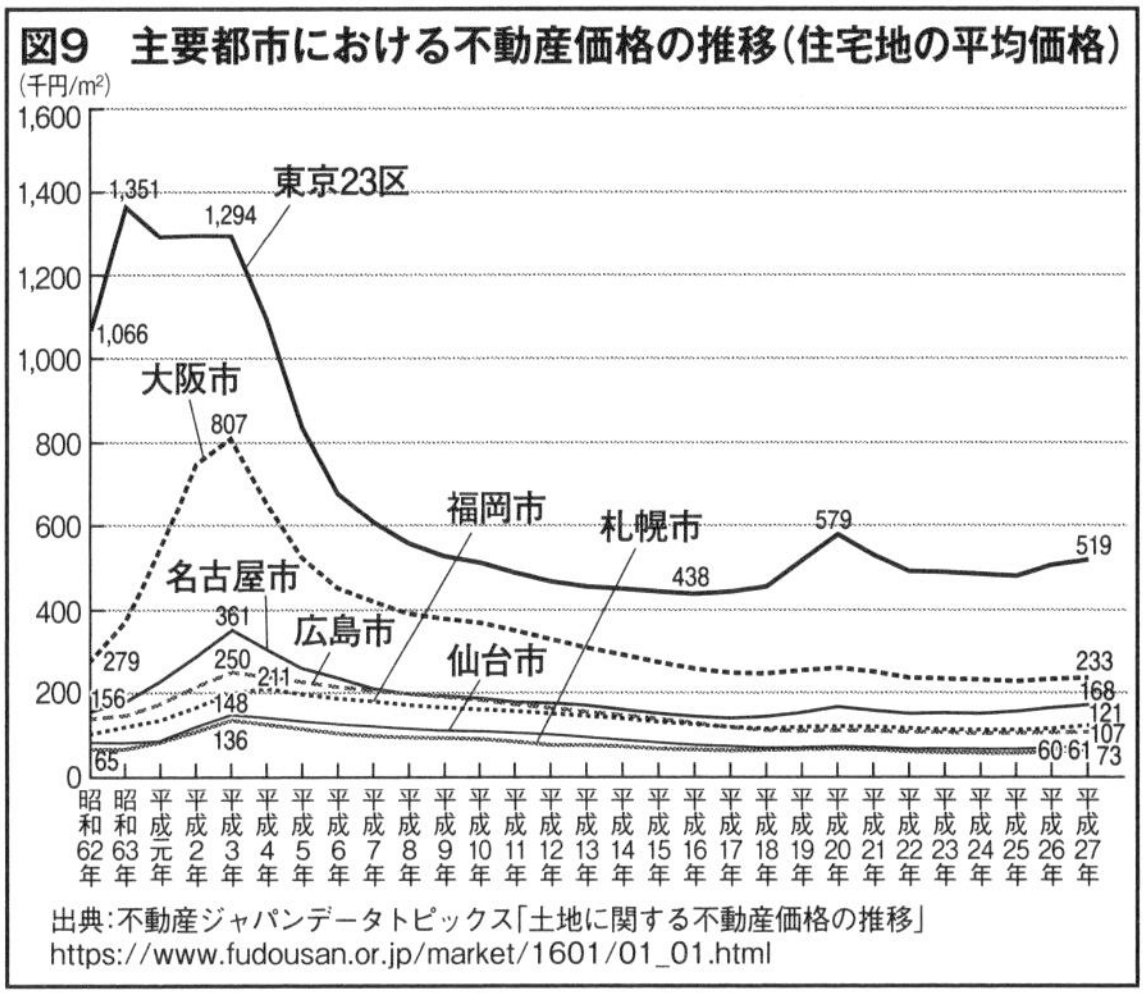

図9　主要都市における不動産価格の推移（住宅地の平均価格）

出典：不動産ジャパンデータトピックス「土地に関する不動産価格の推移」
https://www.fudousan.or.jp/market/1601/01_01.html

（図9、図10）。

1991年を境に不動産価格は、住宅地も商業地も下落に転じました。もちろん、投資利回りからは考えられないような高すぎる不動産価格が、ある程度調整することはよくあることで、それ自体は別に悪くはありません。

しかし、今回は違いました。健全な不動産価格の調整なら、ある程度不動産価格が下落したところで、誰か新しい人がそれを割安と見て買いを入れてくるはずです。ところが、グラフをご覧いただければわかる通り、東京23区の商業地を除き買い入れの動きはほぼナシ。つまり、度を越した価格下落が

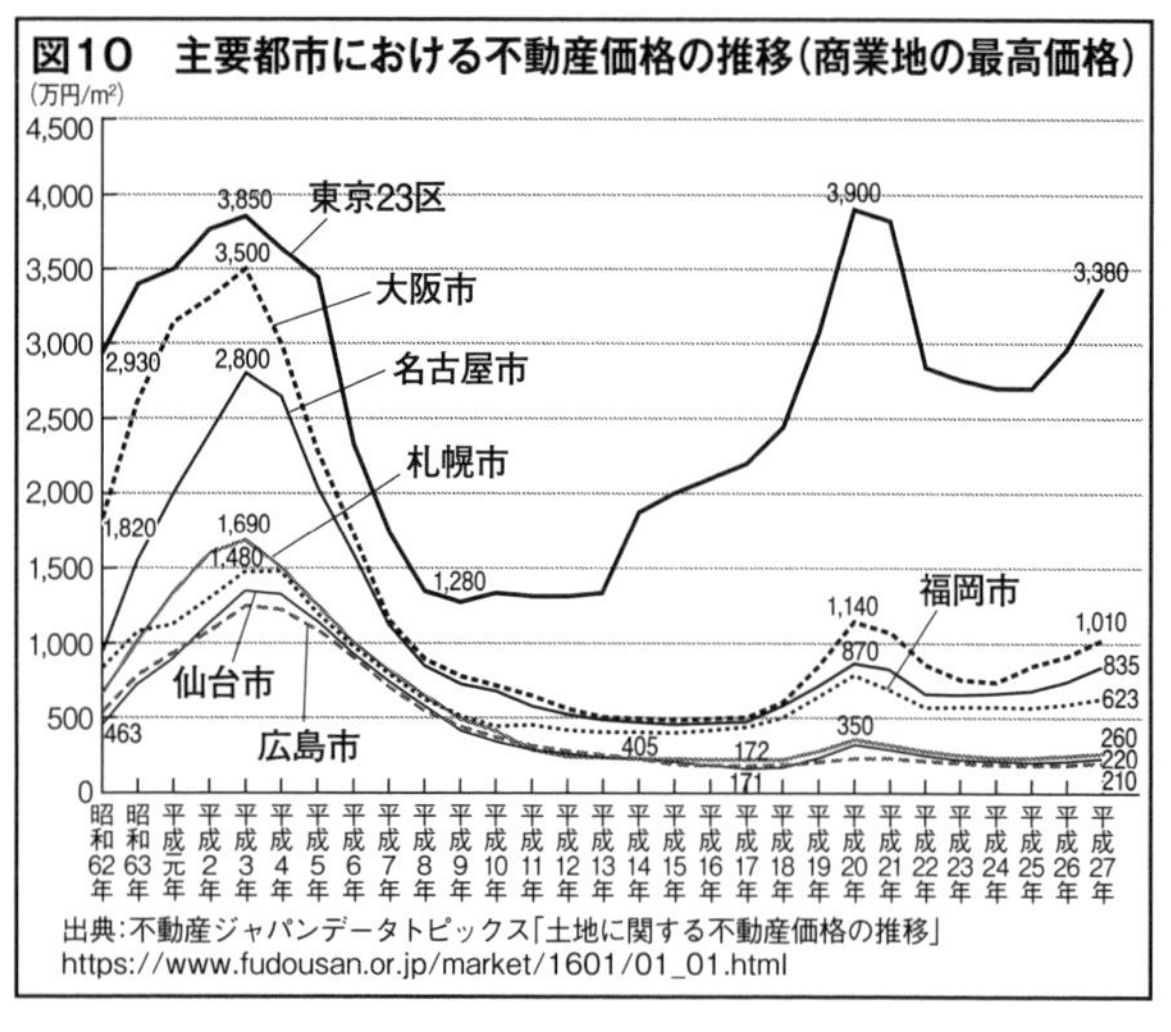

図10　主要都市における不動産価格の推移（商業地の最高価格）

出典：不動産ジャパンデータトピックス「土地に関する不動産価格の推移」
https://www.fudousan.or.jp/market/1601/01_01.html

10年、20年という単位で続いたことになります。それほどバブル期の不動産が高くなりすぎたと言えばそれまでですが、それにしても調整期間が長すぎました。

不動産価格の下落は2001（平成13）年頃まで続き、その後東京都心部の商業地だけはある程度回復しました。東京の商業地は価格の下落幅に対して賃料の下落幅が小さかったため、目聡（めざと）い投資家が割安感から買い上がってきたのです。バブルのピーク時から概ね（おおむ）7割安になったとき、価格は突如、反転していることがわかります。

これに対して大阪の商業地はピーク

時と比べて、東京以上に下落したにも拘わらず、投資家には見向きもされませんでした。これは大阪のみならず東京以外の商業地全体に言えることです。東京の商業地のように、一定の需要が見込める場所以外はそもそも利回りの計算が成り立たないぐらい土地代が高く、投資家が誰も手を付けないわけです。しかし、実際には土地価格は十分に下がっていました。でも、誰も買わない、借りない。最大の問題は、その土地を買ったり借りたりしてやる予定の商売に利益が見込めなかったことにあります。

では、なぜ利益が見込めないのか？　理由は簡単です。景気が悪いからです。では、なぜ景気が悪いのか？　日銀と政府が景気を悪くする政策の競争をしていたからです。日銀は過剰な金融引き締め、政府（大蔵省）は総量規制に増税。民間企業は八方塞がりでした。

銀行と大蔵省が結託して農協をカモに

商業地よりも悲惨だったのが住宅地です。これは東京ですら例外ではありませんでした。「サラリーマンが一生働いて家一軒すら買えない」と嘆いていた当時の一般庶民は大変な借金をしてマイホームを購入していました。なけなしのお金で買った唯一の資産であるマイホームの価格が見るも無残に下落していく。全くシャレになっていませんでした。そんな奈落の底に落ちる住宅を担保に、お金を貸していた住専がタダで済むはずもありません。

１９９５年、住専7社の総融資残高は約13兆円に達し、うち4分の3が不良債権になっていることが判明しました。土地バブルが崩壊しているにも拘わらず、持ち家政策を続けたツケは住専のバランスシートに大きな歪みをもたらしていたのです。

しかも、住専は母体行のバランスシートをきれいに見せるためのゴミ箱のように使われていました。母体行は信用の低い顧客を住専に回しリスクを押し付ける傍ら、総量規制を回避し、優良顧客を自行で抱え込む一石二鳥を目論んでいたのです。

大蔵省が設けた総量規制の例外は、実はこのゴミ箱に巨額の資金を呼び込んで銀行を救済するための陰謀でした。その点について、被害者の農林系金融機関は次のように証言しています。

> 住専7社の債務総額12兆６２４１億円のうち、農協資金（農林中金、信連、共済連）の合計は５兆５９９７億円で全体の44％を占めていた。残りは銀行と保険会社

であるが、銀行融資のほとんどは住専を設立した「母体行」のものだった。この母体行が口をそろえて「農協の責任」を語り、マスコミがそれに乗って農協批判に追い打ちをかけた。

住専の母体行は三和、さくら、興銀、長銀などの大銀行であり、テレビにはこれらの銀行のお抱え評論家が顔をそろえて「農協責任」論をぶっていたのが記憶に生なましい。しかし多数の行員を住専に送り込み、実質的に住専を支配していたのは母体行だった。個人向け住宅ローンを扱えなかった大銀行が、住専を設立して迂回融資をもくろんだのである。

その責任をどう農協にかぶせたのか。金融自由化で都銀も個人向け融資ができるようになると、母体行は住専の融資先のうち安定的な顧客には銀行ローンへの借り換えを薦め、不動産業者や開発業者などリスクの高い債権を住専に押し付けた。そしてバブル崩壊が決定的になると住専への融資そのものを引き上げ、その肩代わりとして農協に目をつけたのだ。（中略）

しかし、住専の危うさを系統農協や主務官庁の農水省が知らなかったはずはない。そこには大蔵省の巧妙な誘導策があった。

バブル経済の終末期に大蔵省は銀行に対して建設業、不動産業、住専を含むノンバンクへの貸し付けを制限する通達を出しているが、信連や共済連には出していない。また農協系金融機関から住専への貸し付けに際しては、銀行局長が母体行に「農協に迷惑をかけない」という念書を出させたが、印鑑はゴム印でよいとされた。

こうした詐欺まがいの手を使ってまで大蔵省が農協の肩代わりを誘導したのはなぜか。実は住専各社の社長には大蔵省出身者がずらりと名を並べていた。

（出典：「住専問題とは何だったのか」太田原高昭『農業協同組合新聞』2014年6月20日）

なんというデタラメでしょう！　銀行と大蔵省が結託（けったく）して、天下り先の確保のために農協をカモにしていたのです。1996年、経営破綻（はたん）した住専7社は清算され、それに伴う損失約6兆5000億円の穴埋めに6800億円の公的資金が投入されました。銀行のゴミ箱として好き放題して大損したのに、国民の税金が投入されて救済される。多くの国民はこの措置に怒りを覚えました。そして、旧住専の貸出債権4兆7

000億円は住宅金融債権管理機構（現整理回収機構）に移管されました。しかし、その後も不動産価格の下落が続いたため、2011年の段階で1兆3951億円もの二次損失が生じました。

「ゆとりローン」の悪夢

ところが、この不動産バブルの崩壊を商売にしていた悪魔がいました。不動産会社です。不動産会社は「金利が安いからマイホームがお買い得！」と人々を煽（あお）りました。

ついこの間まで「サラリーマンが一生働いても買えなかった家」だったわけですから、不動産価格下落はまだマイホームを所有していない人にとっては魅力的でした。しかもお金は銀行がいくらでも貸してくれる。金利も安い。これなら安心です。

住宅ローンは、マイホームを担保に取り、借り手の負担で生命保険までかけさせられるため、銀行にとっては極めてリスクの低い融資だと考えられていました。バブル崩壊で貸出先が先細る中で、住宅ローン融資は銀行収益の柱になっていきます。

しかし、景気悪化で人々の賃金が伸び悩み始めると、銀行は大蔵省と組んで悪魔のような返済スキームを編み出しました。1992年から始まり大いに流行した「ゆとりローン」（ステップローン）という制度です。

政府が罪深いのはバブル崩壊直後の92年に景気対策として「ゆとりローン（ステップローン）」を導入したことだ。これは最初は金利を安くして月々の返済額を抑え、（景気が回復して、給料や地価が上がっているであろう）6年後とか11年後から金利が上がって返済額が大幅に増えるローンで、「家賃並みの返済額で家が買える」と利用者を募り、住宅購入を煽ったのだ。

しかし、日本はそのまま「失われた20年」、世界に例のない大デフレ時代に突入、給料も不動産価格も上がらずに、逆にリストラや企業倒産が相次いで収入を維持することすら難しくなった。（中略）

バブルのピークから90年代前半にかけて「通勤時間1時間20分、郊外一戸建て6000万円」のような、今聞けばとんでもない値段の物件が出回って、それに「ゆとりローン」を組んで手を出した人が結構いた。

（出典：「今は持ち家よりも賃貸が賢明」大前研一『PRESIDENT』2018年4

月2日号）

ゆとりローンはバブル崩壊後の住宅市場を支えるために、大蔵省と銀行が結託して導入した政策だったのです。彼らは農林系金融機関だけでなく、一般庶民まで欺（あざむ）いていました。

ところが、多くの人はそんな詐術（さじゅつ）に気付きもせず、「政府が後押ししているぐらいだから」と、この制度を利用しまくっていました。そして、高い確率で後に悲惨な目に遭（あ）いました。データで確認しておきましょう。次頁のグラフは全国の地方裁判所がその年に新たに受審した不動産競売および破産の件数をグラフ化したものです（図11）。

ゆとりローンがスタートしたのが１９９２（平成４）年です。それから5年後、つまり当初5年間のゆとり返済期間が終了する97（平成９）年頃から破産件数が右肩上がりになっています。日本弁護士連合会・消費者問題対策委員会が実施した「２００２年破産事件及び個人再生事件記録調査」（http://www.waseda.jp/prj-ircfs/pdf/ircfs04-002.pdf）によれば、破産件数全体に占める住宅ローン破綻の割合は、97年は

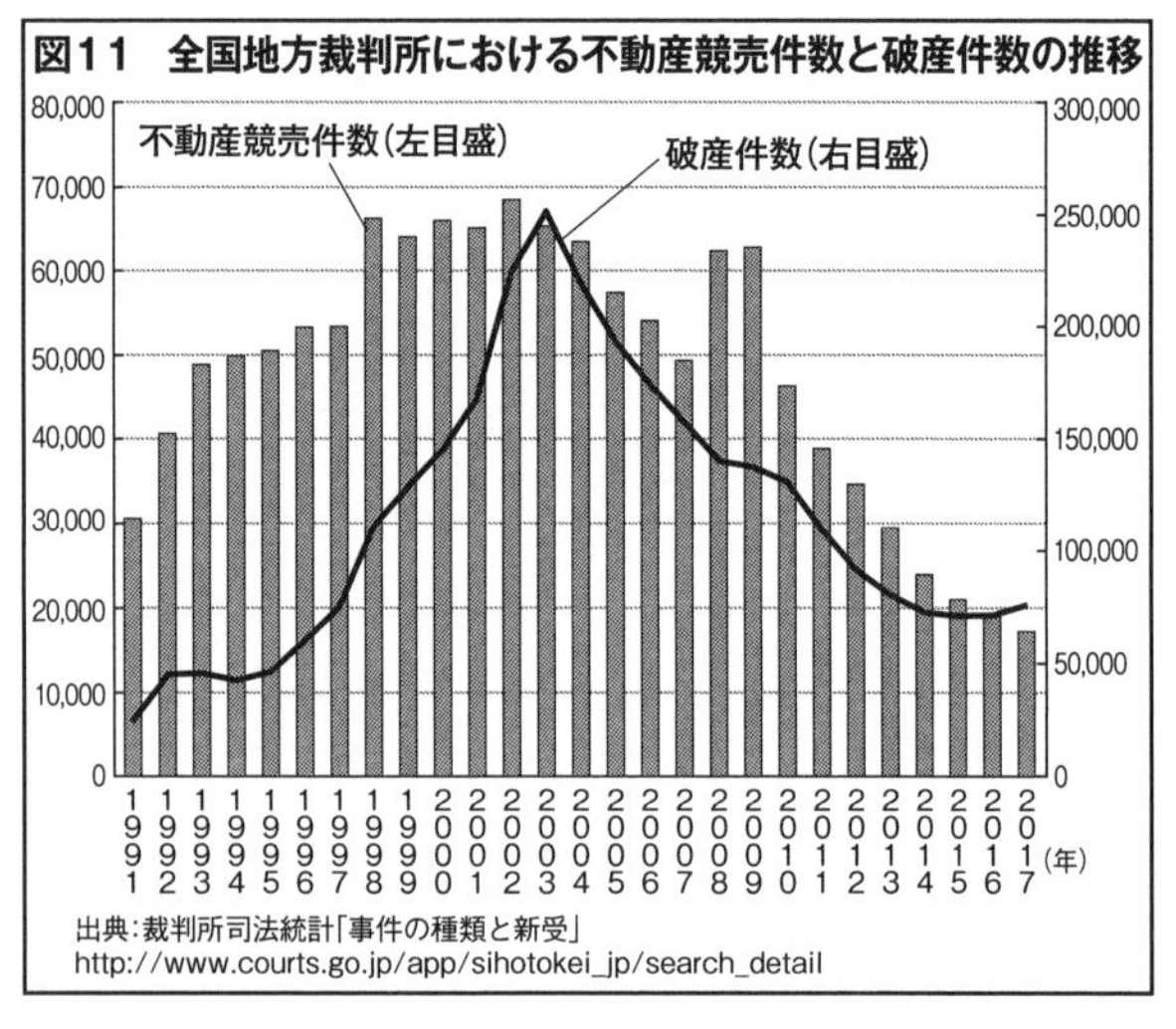

図11　全国地方裁判所における不動産競売件数と破産件数の推移

出典：裁判所司法統計「事件の種類と新受」
http://www.courts.go.jp/app/sihotokei_jp/search_detail

5%、2000（平成12）年には7%、02（平成14）年には9%にまで増加しました。これを件数で見ると以下のようになります。

1997年　3802件
2000年　10210件
2002年　20202件

まさにゆとりローンが住宅ローン破産を「量産」したのです。なぜこんなことになったのでしょう？　1990年代を通して根強く信じられた「いずれ景気は回復して不動産価格も元に戻るだろう」という根拠のない思い込みが原因でした。株価が下がっても、金融機関の不祥事が多発しても、日本の大企業は盤石（ばんじゃく）で、年功序列賃金も定期昇給も終身雇用も永久に続くという希望的観測は根強かったのです。

根拠のない思い込みでマイホーム購入

土地や株の下落で大損した人々は時の権力者にお灸（きゅう）を据（す）えようとします。だから、1993年に自民党が政権を失ったのです。ある意味、細川内閣の誕生は国民の過半数が景気の現状に不満を抱き、将来を悲観するようになった証拠でした。

しかし、それでもまだ国民の残りの半分はバブルの余韻（よいん）を引きずっていました。だからこそ、「金利が安いうちにマイホームを購入したほうが得だ」「ゆとりローンを組んでも、給料は上がっていくから大丈夫」と根拠のない思い込みでマイホームを購入した人が多かったのです。

今でこそこんな偉そうに論評している私ですら、当時はバブルの余韻を引きずる甘ちゃんでした。新卒で就職した銀行を辞めて、塾講師に転職した私は営業成績が良かったのでボーナスをたくさんもらいました。それで調子に乗って神奈川県の藤沢市にマイホームを買ってしまったのです。１９９８年、29歳のときです。もう土地バブルもとっくに弾(はじ)けて、不動産価格は半値以下になっていました。さすがにもうこれ以上は下がらないだろうという根拠のない思い込みがありました。当時の私は金融政策など全く眼中になく、デフレという言葉は高校の政治経済の授業で習った以上は詳しく知りませんでした。

ゆとりローンこそ利用しなかったものの、頭金１０００万円、住宅ローンを４２００万円も組んで大きな買い物をしました。それが極めて愚かな選択だったことは３年半後に思い知らされます。２００１年、私は会社を辞めて独立し、東京に戻ることになったからです。藤沢の家はもうこれ以上必要ありません。しかし、売却しようにも日本経済の長期停滞の出口は見えず、直近のＩＴバブル崩壊で景気は悪く、買い手はなかなか現れませんでした。

半年ほど待って、２００２年の夏頃何とか売却できましたが、売却損は約１０００万円以上にのぼりました。金銭的にも、精神的にも計り知れない大きなダメージを負ったことは言うまでもありません（この件については拙著『家なんて２００％買ってはいけない』［きこ書房］に詳しく書きましたので興味のある方はぜひお読みください）。

なぜ政府は公的資金を投入しなかったのか

住専問題以降も、世間の甘い見通しは裏切られ続け、運命の１９９７年を迎えます。この年の11月３日に三洋証券、同月15日に北海道拓殖銀行、同月22日に山一證券が連続破綻し、翌98年10月には私がかつて勤めていた長銀、12月には日債銀が破綻しました。世に言う不良債権問題が噴出したのです。

金融機関の破綻処理は迅速に行う必要があります。モタモタしていれば被害は連鎖的に広がって金融システムそのものが崩壊する恐れがあるからです。そのプロセスを説明しましょう。ある銀行が潰れた場合、その銀行にお金を預けていた預金者のお金も消え、多くの個人や法人は生活や商売上の支払いに支障をきたします。しかし、問題はそれで終わりません。その支払いをアテにしていた相手方も売上金などの回収が出来ず、資金繰りが悪化します。このように１つの銀行の破綻は、その銀行と取引のあった別の銀行、およびそこに口座を持つ会社や個人の信用不安として連鎖してしまうわけです（カウンターパーティリスク）。その連鎖を放置すれば、ますます信用不安は広がって、最終的には金融システムそのものが崩壊します。だからこそ、こうなる前の特に初期の段階の「消火活動」が必要なのです。

それなのに、当時の日本政府の動きは極めて鈍いものでした。なぜなら、1995年の住専処理の時に公的資金を注入して、国民から激しい怒りを買ったことが大きなトラウマになっていたからです。国民の反発を恐れて、政府はギリギリまで「公的資金」という伝家の宝刀を抜くことができませんでした。

1997年11月の三洋証券破綻に際しては、金融機関が短期の資金をやり取りするコール市場で焦げ付きが発生しました。これはあってはならないことです。コール市場が疑心暗鬼（ぎしんあんき）になれば、財務状態の悪い噂のある金融機関に対して資金の出し手がいなくなり、ある種の信用収縮が始まってしまうからです。三洋証券破綻の後、1週間おきに北海道拓殖銀行と山一證券が破綻した理由は、まさにこの市場からの締め出しによるものです。本来ならこうなる前に、政府が公的資金による大盤振る舞いをして市場参加者を安心させる必要がありました。

しかし、国民から評判の悪い公的資金注入は、実際に事故が起こってからでないと実行できません。まるでストーカー被害を訴える女性に対して、警察が何もしないかのような状態です。警察の怠慢（たいまん）で殺害されてしまった桶川（おけがわ）ストーカー殺人事件

（1999年）の被害者の女性は「私が殺されないと捜査してくれないんですか？」と警察に訴えていたそうですが、この時の政府、日銀の態度はまさに桶川警察署と同じでした。

なぜ銀行はこれほど嫌われていたのか

実際に破綻してから、日債銀には3・2兆円の公的資金が投じられ、北海道拓殖銀行に2・6兆円と山一證券には1・2兆円の日銀特融が実施されました。長銀には8兆円もの公的資金が投入され、2000年に競争入札でリップルウッドという外資系ファンドに安値で売却されました。しかも、この売却の条件の中に、今後発生する不良債権による損失は政府が保証するという瑕疵担保条項があったため、国民から大きな批判を浴びました。

バブル崩壊以降、ろくなことがなくてむしゃくしゃしている人々は、なぜ公的資金の注入が必要かという話に耳を貸しませんでした。経済的に困窮した人々は、清算主義的な経済ハルマゲドンを望みます。それによって誰かを自分以下に貶めて、ストレスを解消しようとするからです。1998年の銀行破綻から4年後の世論調査ですら、公的資金注入に対して厳しい意見で埋め尽くされていました。

公的資金投入については、2002年10月1日～10月3日に行われたFNN世論調査で、「あなたは、公的資金を投入して金融機関の不良債権処理を進めることに賛成ですか。反対ですか」という質問に対して、32・7％が賛成、52・1％が反対と相変わらず反対の方が多い。2003年6月にりそなへの公的資金投入を受けて行われた日本テレビ世論調査では、「政府は、経営が悪化した『りそな銀行』に、およそ2兆円の公的資金の投入を決めました。あなたは、この公的資金の注入を、支持しますか、支持しませんか?」という質問がなされ、21・1％が賛成、59・9％が反対となっている。

（出典：「公的資金投入をめぐる政治過程―住専処理から竹中プランまで」久米郁男『不良債権と金融危機』内閣府経済社会総合研究所［企画・監修］池尾和人［編］慶應義塾大学出版会2009）

なぜこれほど銀行は嫌われていたのか？　住宅ローンのデタラメ、住専問題のデタラメ、農協に対する詐欺……これだけでもうお腹いっぱいですが、それに輪をかけて総会屋やヤクザに対する不正融資や利益供与です。しかも、当時は長信銀、都銀、地銀や地元の信用金庫、信用組合に至るまで、その手の不祥事に手を染めていました。当時の国民にしてみれば、銀行は「最悪のクソ野郎集団」だったわけです。

例えば、1997年に発覚した第一勧業銀行（現みずほ銀行）の総会屋に対する利益供与事件は国民感情を逆撫(さかな)でする最悪の事件の一つでした。第一勧銀は当時頭取だった奥田正司(おくだただし)氏が大物総会屋の小池隆一(こいけりゅういち)氏に対して、株や不動産の購入代金として約117億円もの迂回融資を行っていました。もちろん、十分な担保もないままです。ところが、第一勧銀は大蔵省の金融検査でこの件が発覚することを恐れ、検査官を接待漬(づ)けにして手心(てごころ)を加えてもらっていたのです。

後にそのことが発覚して、大蔵省を解体へと導く大スキャンダルに発展しました。これが世に言う「大蔵省接待汚職事件」です。

1998年1月26日、大蔵省金融検査部の検査官2名が東京地検特捜部に逮捕されました。逮捕容疑は、検査日程をリークすることの見返りに、あさひ銀行（現りそな銀行）、第一勧業銀行、三和銀行（現三菱UFJ銀行）、北海道拓殖銀行（現北洋銀行）

から賄賂を受け取ったというものです。この逮捕をきっかけに、収賄側の官僚が7名、贈賄側の銀行の11名が次々に特捜部に逮捕されました。

〈1998年に逮捕された主な官僚〉

1月18日　井坂武彦・前日本道路公団理事（→逮捕、解任）元金融検査部長、造幣局長

1月26日　宮川宏一・前金融証券検査官室長（→逮捕、懲戒免職）外債発行主幹事選定に絡む収賄

1月26日　谷内敏美・前金検部管理課長補佐（→逮捕、懲戒免職）検査に関する日程等の情報漏洩ほか収賄

3月5日　榊原隆・前証券局課長補佐（→逮捕、休職処分）検査報告書の横流しほか便宜供与収賄

3月5日　宮野敏男・前証取委上席検査官（→逮捕、休職処分）金融新商品承認で便宜供与収賄

米国不動産債権に関する便宜供与収賄

3月11日　吉沢保幸・日銀前営業局証券課長（→逮捕、更迭）
機密情報漏洩、手形評価などで便宜供与収賄

（出典：テレビ朝日「朝まで生テレビ『激論！　大蔵省の功罪と日本‼』を見る資料」
https://www.tv-asahi.co.jp/asanama/video/9803/das9803.html）

当時の金融行政がどれだけいい加減で、監督する方もされる方もデタラメだったか、それはマスコミを通じて白日の下に晒されました。しかも、一部の接待が「ノーパンしゃぶしゃぶ」という風俗まがいの飲食店で行われていたのは既述の通りです。マスコミがこれを面白おかしく報じたことで、国民の怒りは頂点に達しました。公的資金の注入に多くの国民が反対した怒りの根源は、まさにこのデタラメにあったのです。

日本経済長期停滞の真因

怒った国民は清算主義的な極論を好みます。橋本龍太郎首相の大衆迎合的な省庁再編により大蔵省は解体され、財務省と金融庁に分割されました。「財政と金融を分離

すれば業界との癒着は起こらない」という不思議なロジックがその背後にあったようです。また、日銀法が改正され、日銀は大蔵省の言いなりの子会社から、晴れて「独立」を勝ち取ることになりました。

しかし、この「日銀独立」がそれまで虐げられていた、日銀の二流官僚に大きな勘違いをもたらしました。「独立」の意味を履き違えた日銀は、１９９８年から２０１２年まで政府の言うことを無視し、日本経済の実力とはかけ離れた引き締め気味の金融政策を続けてしまったのです。それは三重野総裁以来のインフレファイターの遺伝子のなせる業でした。もちろん、一時的にその姿勢を緩める時期もありましたが、景気が回復しかけると「バブルが再来する！」といったデタラメな主張をして金融引き締めに走るという愚策を繰り返してしまったのです。これこそが日本の長期停滞の原因でした。

病的な円高原理主義者・速水優

実は、このタイミングで運悪く日銀総裁は交代時期を迎えていました。三重野氏の後任として１９９４年から日銀総裁に就任した松下康雄氏（大蔵省出身）は、99年に退任することが決まっていましたが、大蔵省接待スキャンダルを受けて1年前倒しで辞任しました。本来のたすき掛け人事ならこの時、副総裁だった福井俊彦氏（日銀プロパー）が後任となるはずでした。ところが福井氏自身も接待事件の渦中にあったため総裁就任は見送られ、すでに日銀を退任して日商岩井に天下りしていた速水優氏が呼び戻されたのでした。

ところが、これが最悪の人事であったことが後に発覚します。何を隠そう、速水氏は病的な円高原理主義者だったのです。彼の著作『強い円　強い経済』の中には次のような一節があります。

速水優・日銀総裁　（提供：共同通信社）

> 通貨は強くて安定し、使い勝手のよいことによって信認を得るのであって、先進国の中央銀行ではみなこのような通貨の強さを目指している。そして、その国の通貨の強いことがその国の国力や発言力に直接、間接に影響を持つのであることを、私は半世紀を超える国際会議の現

場での経験から特に強調しておきたい。
国民所得（ＧＤＰ）はドル換算で世界的に通用しているが、日本が仮にＧＤＰ五〇〇兆円とすると、一ドル＝一〇〇円なら対外的には五兆ドル、世界第二位となるが、仮に一ドル＝一二〇円であれば対外的には約四・二兆ドル程度となり、二位も怪しくなるかもしれないのである。事ほどさように、各業界においても、円の価値が強いことが対外的な信認を得ることにつながる。また、内外の円保有者にとって、日本の国外では円が強ければそれだけ使い勝手のよくなることは言うまでもない。日本の軍事力、外交力を補塡（ほてん）する存在感、発言力は、通貨の強さから出てくるという事を、過去半世紀の動きで私は十分に理解している。

（出典：『強い円　強い経済』速水優／東洋経済新報社）

1ドル80円台の円高が日本経済にどれほど破壊的な影響を及ぼしたかを知っている令和の世の人々にとって、この速水氏の認識はまさに狂人を思わせるものです。そんな速水氏は、日銀法改正によって日銀が政府から無限に独立しているかのような妄想を持ち、それを本気で信じていました。そんな速水氏ですから、就任の翌年（２００

0年）に早すぎるゼロ金利解除を行って、消費税増税から立ち直りかけた日本経済を奈落の底に突き落としても何とも思わなかったのでしょう。円高は良いことだという狂った考えは、ある意味無敵でした。

「日銀貴族」の誕生

1998年7月、参院選敗北の責任を取って辞任した橋本首相の後を引き継いだのは同じ派閥の小渕恵三氏でした。そうです。あの平成の元号を発表した「平成おじさん」です。小渕氏は積極的な財政出動と2000年にかけてのITバブルの波に乗り、日本経済を復活させる方向に大きく舵を切りました。低迷していた日経平均は久々に2万円を回復。今度こそ、日本経済は長期停滞を脱するかと思われました。ところが、小渕氏は2000年4月に突如脳梗塞で倒れ、帰らぬ人となってしまったのです。

後を引き継いだのは森喜朗氏です。森氏はマスコミとの折り合いが悪く、フェイクニュースで徹底的に貶められることになります。「日本は天皇中心の神の国」発言、「えひめ丸事件の一報に際してゴルフを続けた」など、これらをすべて検証するだけでそれぞれ一冊の本が書けるぐらいの酷い攻撃を受けました。しかし、経済政策は小渕首相の路線を継承し、日本経済には決してマイナスなものではありませんでした。
そんな中、日銀の円高原理主義者・速水総裁が突如として金融引き締めに走ります。2000年8月にゼロ金利を解除してしまったのです。

日銀は27日、2000年7～12月に開いた政策委員会・金融政策決定会合の議事録を公開した。ゼロ金利政策の解除を決めた8月11日の会合で、速水優総裁は「政策判断としてどれでいくか決定するのは、日銀法第3条で認められた我々の自主性である」と言明。政府の議決延期請求を否決して解除を断行した当時の舞台裏が明らかになった。（中略）
速水総裁は8月の会合で「成長率が著しく高まることは期待しがたいと思うが、少なくとも日本経済はデフレ懸念の払拭が展望できる情勢に至ったと判断する」と総括した。「まだ大きな水準の需給ギャップが存在している可能性がある」（植田和男委員）などの慎重意見もあったが、賛成多数で解除を決めた。
一方、政府の出席者は「なお見極めが必要」（村田吉隆・大蔵省総括政務次官）と反対を表明。採決の直前に新日銀法で認められた「議決延期請求権」を初めて行使したが、反対多数で否決された。政府を押し切っての解除決定で「採った政策については当然責任が生ずる」（山口泰副総裁）との声も漏れた。当時の対応がその後の政府・日銀の協調関係に影を落とすことになる。

（出典：「ゼロ金利解除、日銀断行の舞台裏」日本経済新聞２０１１年1月27日）

何と横暴な！　選挙で選ばれたわけでもない日銀総裁が、政府の要請を無視してこんな勝手なことをして許されるのでしょうか？　確かに１９９８年に改正された日銀法は、日銀の政府からの「独立」を謳っています。しかし、日銀が政府の意向を無視して勝手なことをしていいはずがありません。

一般的に中央銀行の政府からの独立とはあくまでも「手段の独立性」を指します。これは全世界の中央銀行設置法に謳われている枠組みです。金融政策の目標は政府が定め、中央銀行はその目標を達成するためにあらゆる手段を自由に使ってよい。これが「手段の独立性」であり、中央銀行の国際常識なのです。ところが、速水氏は改正された日銀法を都合よく読み替えて、あたかも日銀が政府から無限の独立性を持つかのように振る舞いました。政府（＝内閣）は国民に間接的に選ばれているわけですから、それを無視することなど、民主国家においてできるわけがないのに。日銀は貴族にでもなったつもりなのでしょうか？　まさに「日銀貴族」という言葉が誕生した瞬間でした。

森内閣がマスコミのフェイクニュース攻撃でグダグダになっていく中、不良債権問題はくすぶり続けました。日経平均は再び下落に転じ、全国有効求人倍率は2001年、02年と0・56まで落ち込みます。これは就職したい人に対して仕事が半分しかない、つまり1つの仕事を平均で2人が奪い合うという悲惨な状況を表しています。大卒に限定した求人倍率ですら、01年は1・09にまで落ち込んでいました。新卒1人に1つの職がギリギリある感じですが、実際には希望する職に就けない若者がたくさんいました。経済的に困窮した人々はますます清算主義的な傾向を強め、ハルマゲドンを待望します。

市場が大歓迎した小泉内閣の180度路線転換

そんな時、国民の期待を一身に背負って誕生したのが小泉内閣です。森内閣の退陣

小泉純一郎首相と竹中平蔵経済財政担当大臣　（提供：共同通信社）

に伴い、２００１年４月に実施された自民党総裁選に立候補した小泉純一郎氏は、「自民党をぶっ壊す！」というインパクトのあるワンフレーズを叫びました。この一言が自民党員のみならず、清算主義的な傾向を強める国民のハートを鷲摑みにしたのは言うまでもありません。特権的な自民党をぶっ壊して、世の中に新しい風を吹き込んでくれる。多くの人がそう期待したのです（ちなみに、令和最初の参院戦で旋風を巻き起こした、ＮＨＫから国民を守る党のキャッチフレーズ「ＮＨＫをぶっ壊す！」の元ネタは小泉首相です）。

成立当初の小泉内閣は国民世論に配

慮して、悪い銀行を成敗するというポーズを取っていました。小泉首相がいみじくも「痛みなくして改革なし、改革なくして成長なし」と勇ましいことを言っていたのはその表れです。民間から経済財政政策担当大臣に登用された竹中平蔵氏は小泉首相の命を受け、極めて清算主義的な不良債権の完全処理プランの作成に着手します。このプランは元日銀の木村剛氏をアドバイザーに迎えて作成されました。「竹中プラン」の中でリストアップされた企業は容赦なく潰されるのではないかと、多くの人が疑心暗鬼になり、週刊誌ではたびたび「竹中・木村リスト」が話題になりました。

　しかし、そんな清算主義路線は経済を大混乱に陥れることが目に見えています。強制的な不良債権処理で金融機関を潰すようなことになれば、下手すると取り付け騒ぎが起こってむしろ状況は前以上に悪化してしまうからです。地元選挙区の企業にも倒産が広がる危険性を感じた与党議員たちは一斉に反発しました。

　余りの反発の激しさに、竹中大臣は強硬派のアドバイザーの木村剛氏を切り捨て、清算主義的路線を修正します。２００２年10月、清算よりも企業再建に重心をシフトした「金融再生プログラム」が竹中大臣の手でまとめられました。資産査定を厳格化

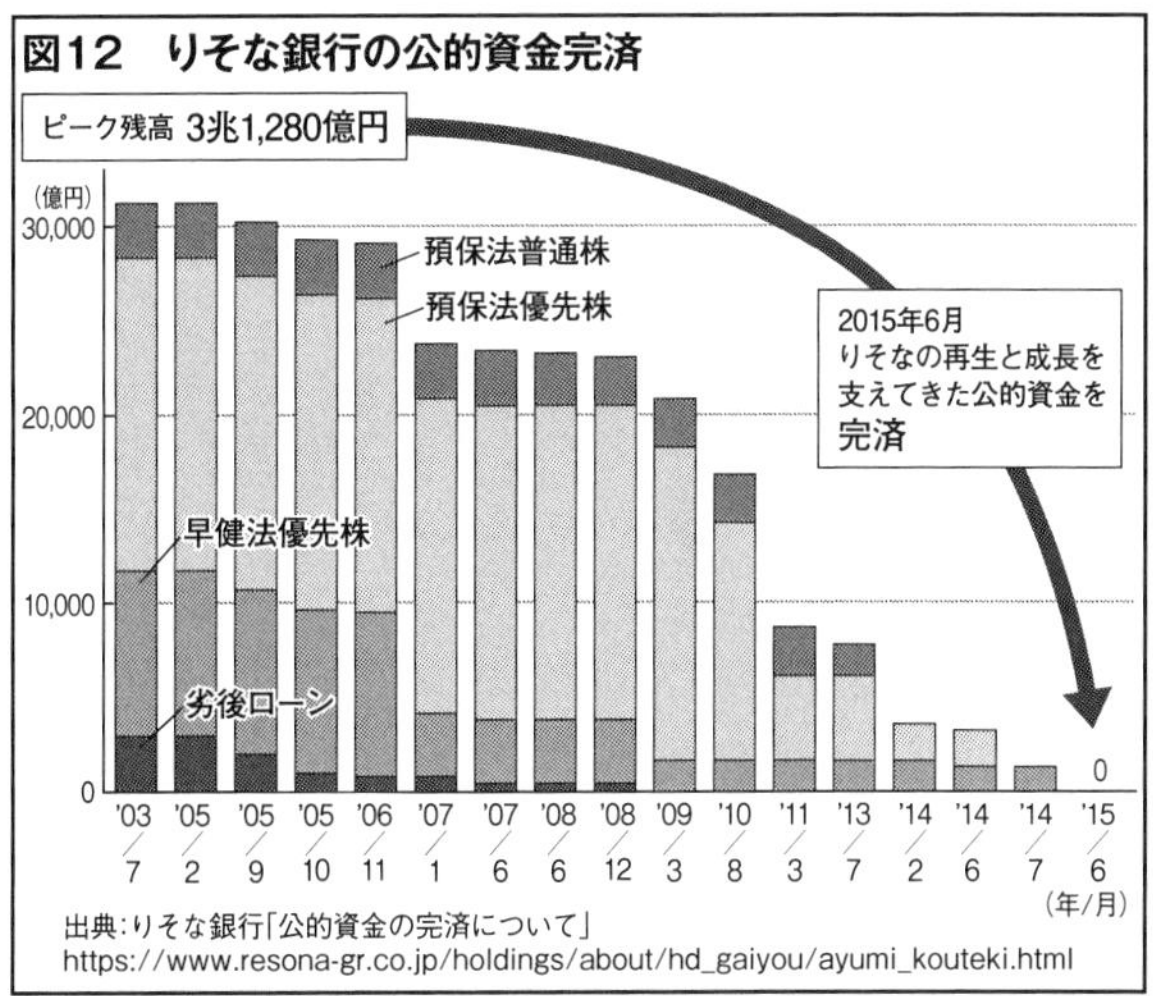

する代わりに、必要な場合には預金保険法に基づいて速やかに公的資金を注入することが決まったのです。

それから半年も経たないうちに、事件は起こりました。

りそな銀行が２００３年３月の決算で、自己資本比率が２％程度まで下落してしまったのです。当時、銀行規制により国内業務のみを行う銀行の自己資本比率は４％以上と定められていました。このまま放置すればりそな銀行は営業できなくなり、破綻する。前年10月に決まっていた金融再生プログラムが即座に実行され、３兆１２８０億円の公的資金投入が決まりました。

この措置に市場の懸念は払拭されると同時に、これまで清算主義的な政策を推進していた小泉首相と竹中大臣がその姿勢を180度転換させたことが明らかになりました。市場はこの大転換を高く評価し、日経平均株価は反転のキッカケを摑みます。2003年3月、7000円台まで落ち込んでいた日経平均株価は5月から反発し始め、同年12月末には1万676円まで値を戻しました。

ちなみに、りそな銀行の名誉のために言っておくと、この時投入された約3兆円の公的資金は2015年までに全額返済されています（前頁の図12）。

日本経済崩壊の危機だった

政府が緊縮的な清算主義路線を撤回したことで、景気は良い方向に向かい始めました。ところが、一難去ってまた一難！　2003年9月ごろから突如、投機筋による円買いのアタックが始まったのです。03年8月に1ドル120円まで円安が進んだにも拘わらず、翌月には一気に1ドル107円台の円高になってしまいました。当初は一時的だと思われたこの相場は、その後自律反発せず、じりじりと円高方向に振れました。そして03年末には１ドル１０５円台をうかがうようになります。完全に日本政府の足元を見て、投機筋が仕掛けてきていたのです。

この円高を阻止するため、財務省は総額30兆円に及ぶ巨額の為替介入を決断します。俗にいう「テイラー・溝口介入」です。この時、大蔵省の溝口善兵衛財務官とアメリカ財務省のジョン・ブライアン・テイラー財務次官は、この介入について綿密に連絡を取っていたと言われています（当時、政権内にいた元財務官僚の髙橋洋一氏によれば、この介入は竹中平蔵経済財政担当大臣が命じたものであり、「竹中介入」と呼ぶべきだとのことです）。

テイラー・溝口介入は大きな金融緩和効果を持っていました。なぜなら、その買い付け金額があまりに大きかったからです。金額が少なければ政府は政府短期証券（通称：為券）を民間銀行に引き受けさせて資金調達するのですが、あまりに金額が大きく民間銀行だけでは無理という話になりました。そこで、政府は日銀に新規に通貨を発行させて為券を買い取らせることにしたのです。折しも２００３年３月に円高原理主義者の速水氏は日銀総裁を退任し、後任に大蔵省接待汚職事件に連座して干されていた福井俊彦氏が返り咲いた直後でした。

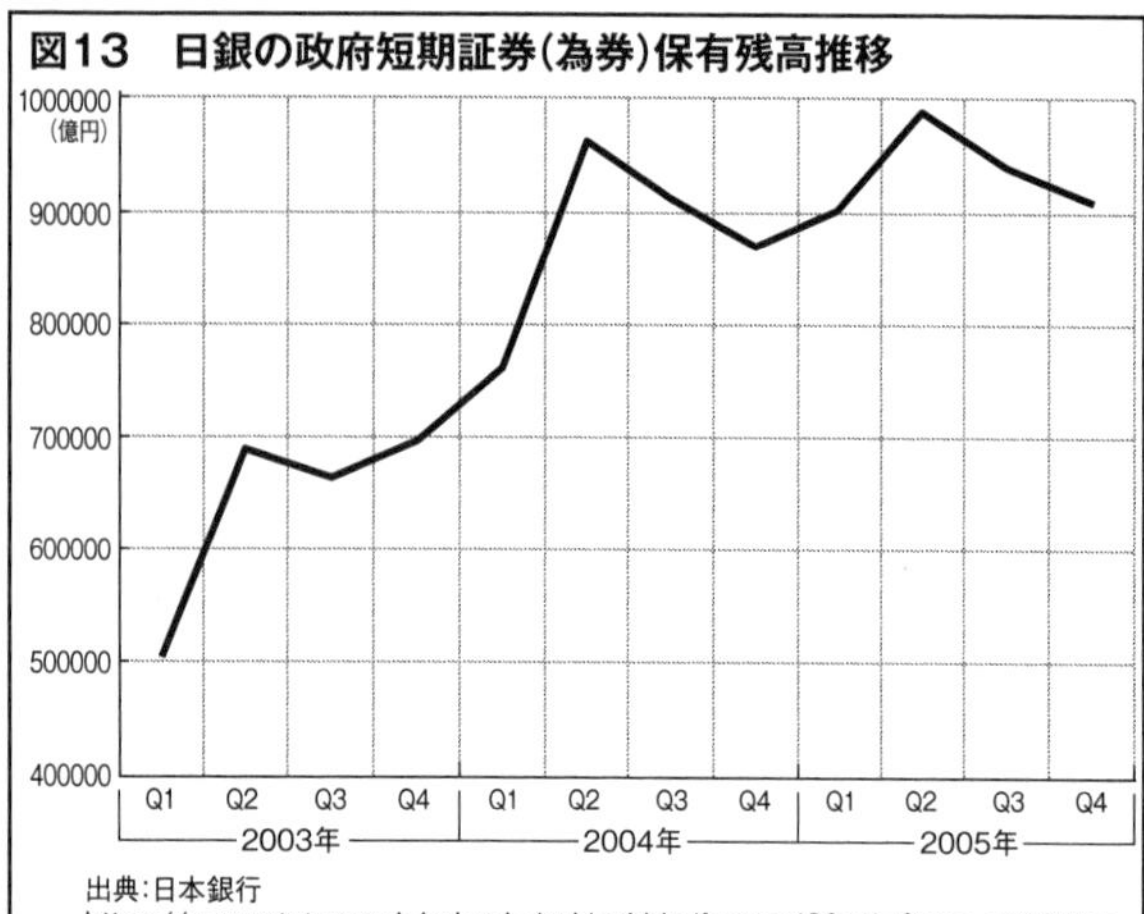

図13　日銀の政府短期証券（為券）保有残高推移

出典：日本銀行
https://www.stat-search.boj.or.jp/ssi/cgi-bin/famecgi2?cgi=$nme_a000&lstSelection=FM05

福井氏は日銀総裁にしてもらうために小泉首相に土下座して頼み込んだといいます。その際、「デフレ脱却のために日銀は金融緩和で協力する」と約束していました。しかし、このやりとりは密室で行われ、書面もなければ証人もいませんでした（私は、この話をその場に同席していた自民党元幹事長の中川秀直氏から直接聞きました）。

テイラー・溝口介入の時点で、福井氏は日銀総裁に就任したばかりであり、まだ「薬」が効いていました。あのインフレファイターの日銀が金融緩和に協力したのです。その方法は少しテクニカルですが簡単に説明しましょう。

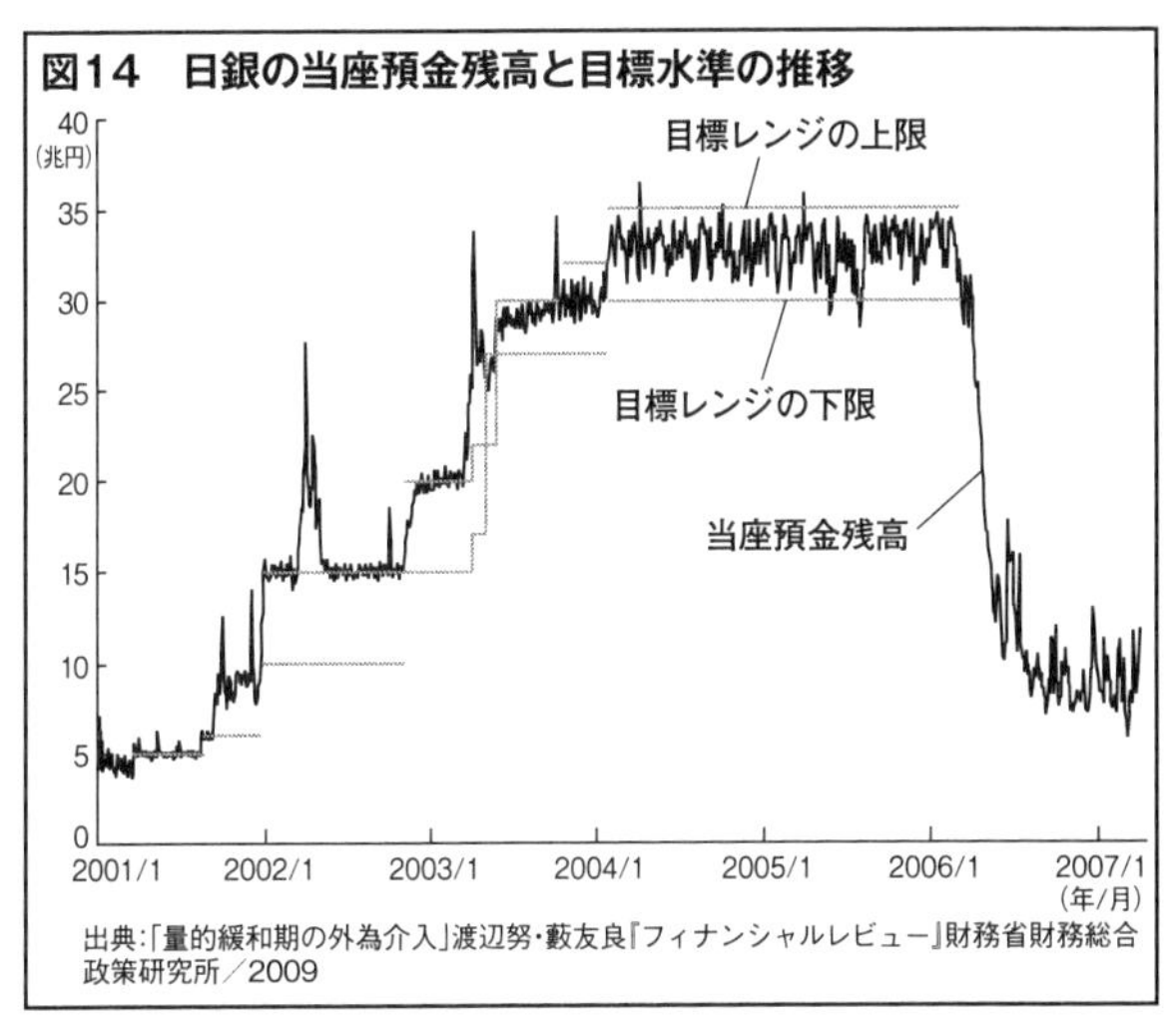

通常、日銀は手元にある為券をいずれ民間銀行にすべて売却して資金吸収を行います。ところが、テイラー・溝口介入において日銀は為券の6割程度を保有したまま放置しました（非不胎化介入）。前頁のグラフは当時日銀が保有していた為券の月次残高推移を表します。2003年の第2四半期から04年の第1四半期にかけて為券の保有残高が増加していることが確認できます（図13）。

同時期、日銀の当座預金残高も右肩上がりに増加しています（図14）。これは当時実施されていた量的緩和政策によるものです。この量的緩和を提案し、最終的に執行部に飲ませたのは元東燃社長で日銀審議委員だった中原伸之氏です。中原氏の提案が実現したことで、日銀の当座預金残高を30兆円前後に保つことが当時の金融緩和の枠組みとなっていました。この仕組みのお陰で、為替介入資金がうまく市場に滞留することになったのです。もし、中原氏のこの提案が実現していなければ、この円高アタックで日本経済は滅ぼされていたかもしれません。

りそな銀行救済による緊縮財政の放棄と日銀の為券保有増、当座預金残高増は、財政と金融のアクセルを同時に吹かす効果的な政策でした。そして、日本経済はやっと長いトンネルから抜ける方向に動き出したのです。

果たして、日本経済はこのまま復活できるのか？　後半に続きます。

第二部　日本経済復活への道

第4章　度重なる失策と郵政民営化の真実

「リフレ経済学」との出会い

私がいわゆる「リフレ経済学」に出会ったのは2003年のことです。そして、そこに至るまでにはいくつかの伏線がありました。

伏線の1つはかつて勤めていた長銀の破綻と、それに続く激しいバッシング、さらに刑事訴追と関係者の自殺です。今から10年前に書いた私の処女作『デフレと円高の何が「悪」か』に、この点に関する記述がありましたので抜粋します。

かつては、エリート銀行として誰もがあこがれたあの長銀が、今は犯罪者扱い。この手のひら返しは一体何なのでしょうか？　当時すでに銀行を離れて4年もの月日が流れていましたが、私は一連の事件にただただ茫然とするしかありませんでした。かつて所属した組織が逮捕者や自殺者を出しながらボロボロになっていく姿を外から眺めて、たまらなくなりました。

確かに不良債権は問題ですし、バブルに踊った銀行も責任があったかもしれません。でも、バブルが弾けてから十年も経とうとしているのに、なぜ日本だけがこれほど不況を長期化させているのか？　そもそも、長銀が悪かったというより、世の中が悪かったのではないか？　日本政府の経済政策は本当に適切だったのだろうか？　と様々な疑問が湧きあがってきました。

（出典：『デフレと円高の何が「悪」か』上念司著／光文社新書）

長銀の破綻が経済そのものへの関心を呼び覚まし、それをきっかけに私は経済本を読み漁るようになりました。しかし、なかなかいい本には巡り合えず、年単位の試行錯誤が続きました。この経済書乱読が2つ目の伏線です。

3つ目の伏線は、私自身の仕事上のポジションの大きな変化です。長銀破綻の翌年、1999年に私は雇われの身ながら、その時勤めていた会社の取締役として、経営者の末席に身を置くことになりました。

当時の様子について、私は後年インタビューに答えて次のように語っています。

——第一次安倍内閣が2006年から2007（平成19）年までですね。まず、そもそも上念さんがどのようにして「リフレ派」になったのかをうかがいましょうか。

上念　これは長い歴史があります。２０００年ごろ、当時私は臨海セミナーという学習塾で取締役事業本部長という重責を担わせてもらっていました。まだ30歳くらいだったんですが。

そのくらいのときに、日本はなんでこんなに景気が悪いんだ、おれも経営者のはしくれだし、ちょっと勉強してみよう、と思って、本屋で本を探して勉強し始めたんですよ。

最初に手に取ったのがリチャード・A・ヴェルナーの『円の支配者』（２００１年）という半分リフレ、半分陰謀本でした。これはなかなか説得力がありましたね。次に手に取ったのが浅井隆の「国家破産」本でしたが、日本はずっとデフレで、ある日突然ハイパーインフレになる、とか、はっきり言って矛盾だらけで、これじゃダメだなと思いました。

その次に勧められて読んだのが「キムタケ」こと木村剛の緊縮論です。これも全然納得できない。

おかしいな、と思っているとき、高田馬場の本屋で野口旭先生の『経済論戦』（２００３年）という本をたまたま立ち読みしたら、あ、これすごく面白い、と思ってそのまま買って読んだ。野口先生はリフレ派の経済学者で、なるほどこういうメカニズムなのか、とわかったんです。

ヴェルナーは半分リフレみたいな話で、お金を刷ればたちどころに景気がよくなると書いているんですけれど、後半が陰謀論なんですよ。日本には旧満州の革新派官僚の遺伝子があって、日銀総裁は満州に関連した人しかなれない、とか、わざと円高にして円を基軸通貨にしようとしている、とか。

——80、90年代のジャパンバッシング本の流れかな？

上念　そうね、ちょっとそういう本で。ただ、その本で貨幣のバランスというのをある程度理解していたので、浅井隆の本もキムタケの本もおかしいと思ったんですね。

で、野口旭先生の本は、ヴェルナーの話の穴を埋めて余りあるアカデミックな話をちゃんと書いてあって、キムタケがなんで間違っているのかとか、リチャード・クーの財政政策だけで景気対策をすることに対する批判とかもちゃんとしてあった。これ面白いな、と思って。

その野口先生の本に、たびたび岩田規久男(いわたきくお)先生の『デフレの経済学』（2001

年）が引用されていた。これは読まないとダメだ、と、『デフレの経済学』を買って、ノートを取りながら2カ月かけて読んだんですよ。そこでぼくはリフレ政策を理解するようになった。

野口先生の本で参考文献に挙げてある本はほとんど全部読んだんですよ。どんな本を読んだのかは、私の処女作の『デフレと円高の何が「悪」か』（2010年）の参考文献表に、60冊か70冊くらい挙げています。

それで、読む本もなくなってきた2004（平成16）年くらいに、野口先生が、新宿の朝日カルチャーセンターでリフレ派講師陣による講座を開くと聞き、これは面白そうだと申し込んだんです。全4回か5回で、講師は田中秀臣先生、若田部昌澄先生、中村宗悦先生、高橋洋一先生、あともう一人、猪瀬事務所の女性が講師で来て。これだけの講師陣で、生徒は3、4人しかいない（笑）。私以外は、元高校教師とか、元公務員みたいな人で。質問時間の30分、ほとんど私一人で質問していた（笑）。先生たちとは名刺交換して。ここで田中先生たちと初めて会ったんですよ。

（出典：週刊「1億人の平成史」第19回　上念司さんの「アベさんがアベノミクスにたどり着くまで」／毎日新聞社）

経済本を中心とした読書は、トンデモ本にぶつかっては捨て、ぶつかっては捨ての繰り返しでした。しかし、足掛け5年、私はずっと日本の長期停滞の本当の原因を探し続けました。そして、2003年にやっとその答えが書いてある本を見つけたのです。それが前出の野口旭氏による『経済論戦――いまここにある危機の虚像と実像』（東洋経済新報社）という本でした。この本に出会った時、私は雇われ経営者として勤めていた会社をとっくに去って、独立、起業していました。

野口氏の本には私の求めていた答えがありました。デフレの原因は貨幣量の不足にあり、それを補うためにまずは金融緩和をしなければならない。ゼロ金利であっても貨幣量を増やす手段（量的緩和）がある。これは昭和恐慌の時に高橋是清（たかはしこれきよ）蔵相が用いて実際に成功している……。

リフレ派のロジックはバブル崩壊以降、これまで起こったことを最もよく説明していました。私は「なるほど、これだったのか？」と膝を打ちました。ところが、こんな素晴らしい理論を当時の世間の人々は全く受け入れようとしませんでした。私のような駆け出しの自営業者、しかも経済学のバックグラウンドがない人間ですら理解できたのに、なぜみんなわからないのか？

不況の原因を「構造問題」で片づけるな

その理由には根深いものがありました。当時、日本の長期停滞の原因は「構造問題」であるという謬論がまことしやかに語られていたからです。小泉首相は「構造改革」を前面に打ち出し、当初は清算主義路線を採用していました。「自民党をぶっ壊す」では飽き足らず、「日本をぶっ壊す」寸前まで追い込んでいたのです。もちろん、小泉内閣の経済的な成功はこの清算主義路線を放棄したことから始まります。しかし、2003年初頭の政策転換以降も、小泉内閣の経済政策といえば「構造改革」と俗論的には理解されていました。

しかし、仮に「構造問題」が日本の長期停滞の原因だとするなら、1989年まで絶好調だった「構造」が翌年から急にダメになってしまったということになります。当時、大学生だった私はそんな「構造」の変化は一切感じませんでした。そもそも、「構造」って何でしょう？

あえて構造を日本的雇用慣行とするなら、バブル崩壊が始まった1990年代前半も何一つ変わっていません。92年に就職活動をしていた私及び同世代の友人は、大抵が終身雇用を前提とした新卒一括採用で企業に就職しました。系列取引も、株の持ち合いも、ヤクザへの利益供与も、バブルの絶頂期と崩壊期の間に何の区別もありませんでした。平成に入ってバブルが崩壊した途端に、突然その構造が変わったことなどあり得ません。

実は、平成になって変わったのは日本の構造ではなく、日銀の金融政策だったのです。そして、それに追い撃ちをかけたのが大蔵省の総量規制でした。変わったのは社会の「構造」なのではなくて、経済政策なのです。敢えて言えば経済政策の変更によって経済環境が大きく変わった。あの時代に生きた人が誰一人「構造」の変化に気付かなかった理由はまさにここにあります。

「構造」原因説の他にも長期停滞を説明する理論はいろいろありましたが、特に悪質な2つの謬論を紹介しておきましょう。それは「良いデフレ論」と「ダム論」です。

「良いデフレ論」とは、現在のデフレは流通革命や合理化の結果で消費者の利益にかなうとか、経済のグローバル化に伴う大競争の結果で日本経済の高コスト体質の是正につながるといった主張である。典型的には、「構造改革や流通革命等で生産性が上がり、物価が下がっていくという要素を考慮せねばなるまい」という二〇〇〇年三月一〇日の速水総裁発言や、「最近の物価下落は情報通信分野の技術革新などの変化を背景とした『良いデフレ』に分類される」という二〇〇〇年三月二一日の速水総裁発言に代表される。「ダム論」とは、企業収益の増加の影響は、ただちに現れるのではなく、貯水されたダムのように、家計所得や個人消費の増加へと徐々に波及するという考えである。これは、「われわれは企業所得と家計所得の関係を、ダムの推移と下流への放流の関係にたとえて議論する」と述べた、二〇〇〇年八月四日の山口泰副総裁発言がそれに相当する。やがては家計所得も増えるのだから、金利を引き上げても問題ないというわけである。

（出典：『エコノミストたちの歪んだ水晶玉　経済学は役立たずか』野口旭著／東洋経済新報社）

そもそも、デフレは物価の下落から始まって、最後は失業の増加に行きつきます。モノが売れなくなった企業は若者を雇い止めするだけでは足らず、最後は働く社員のリストラを始めるからです。新卒で就職できずアルバイトを転々とする人（ロスジェネ）も、給料カットで住宅ローン破産する人も、リストラされて絶望し自ら死を選ぶ人も、元をただせばすべてデフレのせいなのです。そんなデフレが良いわけがない。だから、「良いデフレ」なんてあるわけがない。

「ダム論」はそういう経済的な苦境に立たされた人に対して、「陰では景気は良くなっていて、いずれその恩恵にあずかれるからもう少し待て」という詭弁です。本当にいずれ良くなるなら問題はなかったのですが、速水時代の日銀の政策はむしろ景気の悪化をもたらしました。それなのに、上流のダムにはお金が溜まっている、だから景気は良くなるんだと人々を騙したのです。

何よりも嘆かわしいことは、この2つの屁理屈を現役の日銀総裁である速水優氏と、副総裁の山口泰氏が拡散していたことです。もちろん、こんな屁理屈に経済学的な根拠は全くありません。

すでに述べた通り、2000年8月、ITバブルの恩恵で日本経済が少し上向くと、日銀は愚かにもゼロ金利を解除してしまいました。これはあまりにも早すぎました。もちろん、日銀の「良心」である中原伸之審議委員（当時）はこの決定に反対票を投じています。中原氏は物価がプラスに転じていない段階での利上げに異を唱え「デフレ懸念払拭（ふっしょく）」という抽象的な判断基準を痛烈に批判しました。ところが中原氏は審議委員の中では少数派でした。

2000年末にはITバブルが崩壊し、日銀の利上げは失敗だったことが誰の目にも明らかになります。旗色が悪くなった日銀は翌01年3月に再びゼロ金利政策に復帰し、それと同時に、これまでずっと無視していた中原審議委員の提案（量的緩和政策）を遅ればせながら採用しました。これが後のテイラー・溝口介入の際に金融緩和効果を発揮したことは既述の通りです。03年10月に、小泉内閣が清算主義路線を放棄し、りそな銀行を救済したことと、04年初頭のテイラー・溝口介入によってバブル崩壊以降低迷していた日本経済は久々に復活したのでした。

「一回休み」の福井俊彦が日銀総裁に

そして、もう一つ大事な要因があることを記しておきましょう。2003年3月、円高原理主義者で、早すぎる引き締めで日本経済を大混乱に陥（おとし）いれた速水優氏が日銀総裁を退任しました。そして、後任の総裁には大蔵省の接待汚職事件に連座して「一回休み」を言い渡されていた福井俊彦（ふくいとしひこ）氏が就任します。

当初、福井氏は速水氏同様のタカ派ではないかと懸念されていました。ところが、福井氏はあっさりと速水路線をひっくり返し、量的緩和は拡大、継続することになりました。福井氏は日銀総裁に就任するにあたり、「デフレ脱却に協力しますので何とか……」と小泉首相に土下座して頼んだそうです。あっさりタカ派を辞めたように見えたのはこのためでした。ところが、この時の約束はあくまで口約束でした。それが後々禍根(かこん)を残します。

福井俊彦・日銀総裁　（提供：共同通信社）

とはいえ、小泉内閣自体のハト派転換と、日銀福井総裁のハト派転向により、これ以降、日本の財政政策と金融政策の両輪が緩和方向で一致しました。2004年のテイラー・溝口介入は政府と日銀の協力が見事に調和した最初の事例だったと言えるでしょう。

もちろん、この時の日本経済の回復とは、あくまでどん底からの回復であり、極めて

図15　全国有効求人倍率の推移

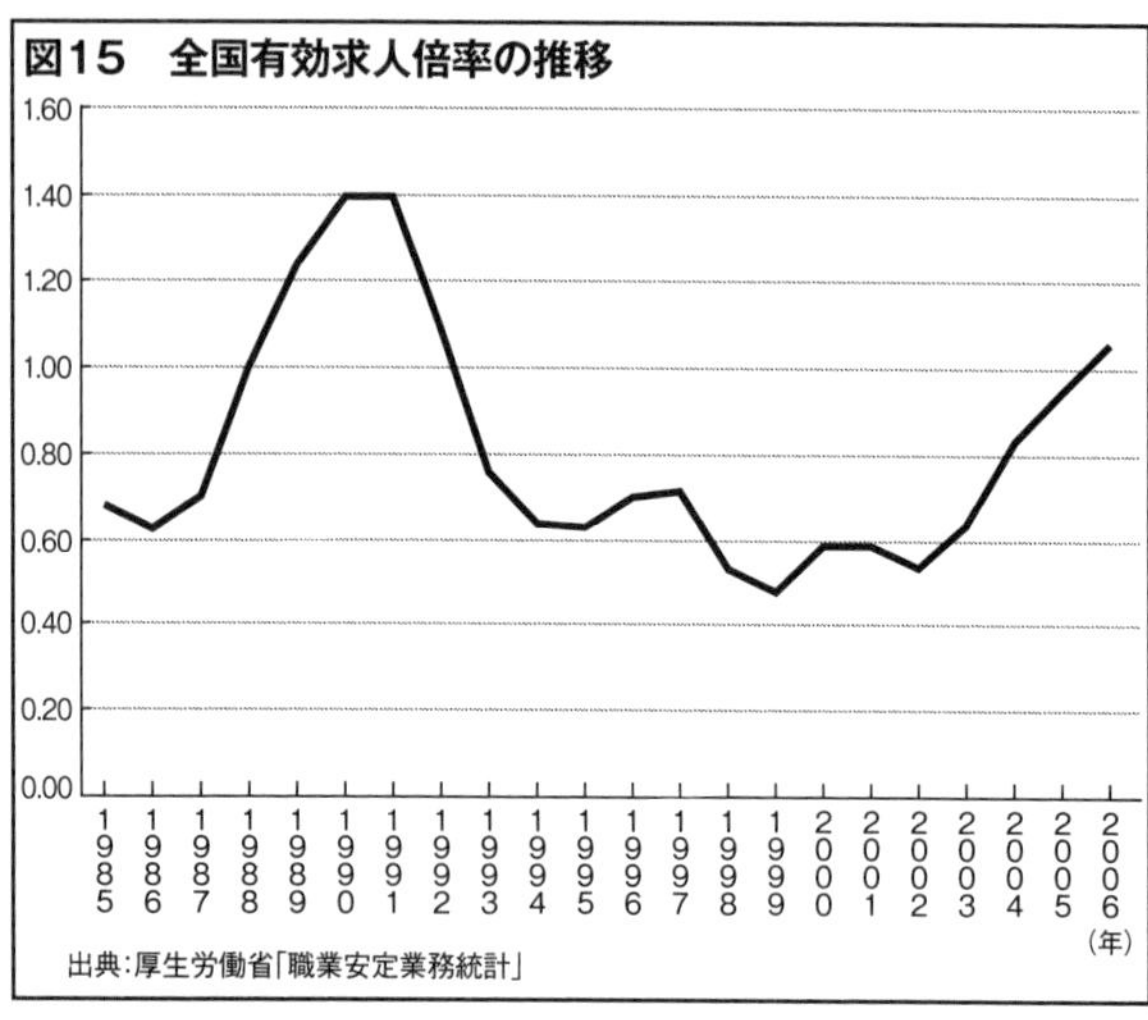

出典:厚生労働省「職業安定業務統計」

ゆっくりしたものでした。実感が乏(とぼ)しかったという人もいるでしょう。それはその通りです。なぜなら、物価上昇率も未だマイナス圏にあり、水準的にはまだデフレ状態は続いていました。実質GDP成長率が名目GDP成長率を上回る「名実逆転」現象も解消されていませんでした。

しかし、それでも消費者物価指数（生鮮品を除く）で見た物価上昇率は2003年のマイナス0・3％から04年のマイナス0・1％へと改善しています。未だゼロ以下の水準ではありますが、プラス圏に向かって、つまり、デフレ脱却の方向に向かっていたことは

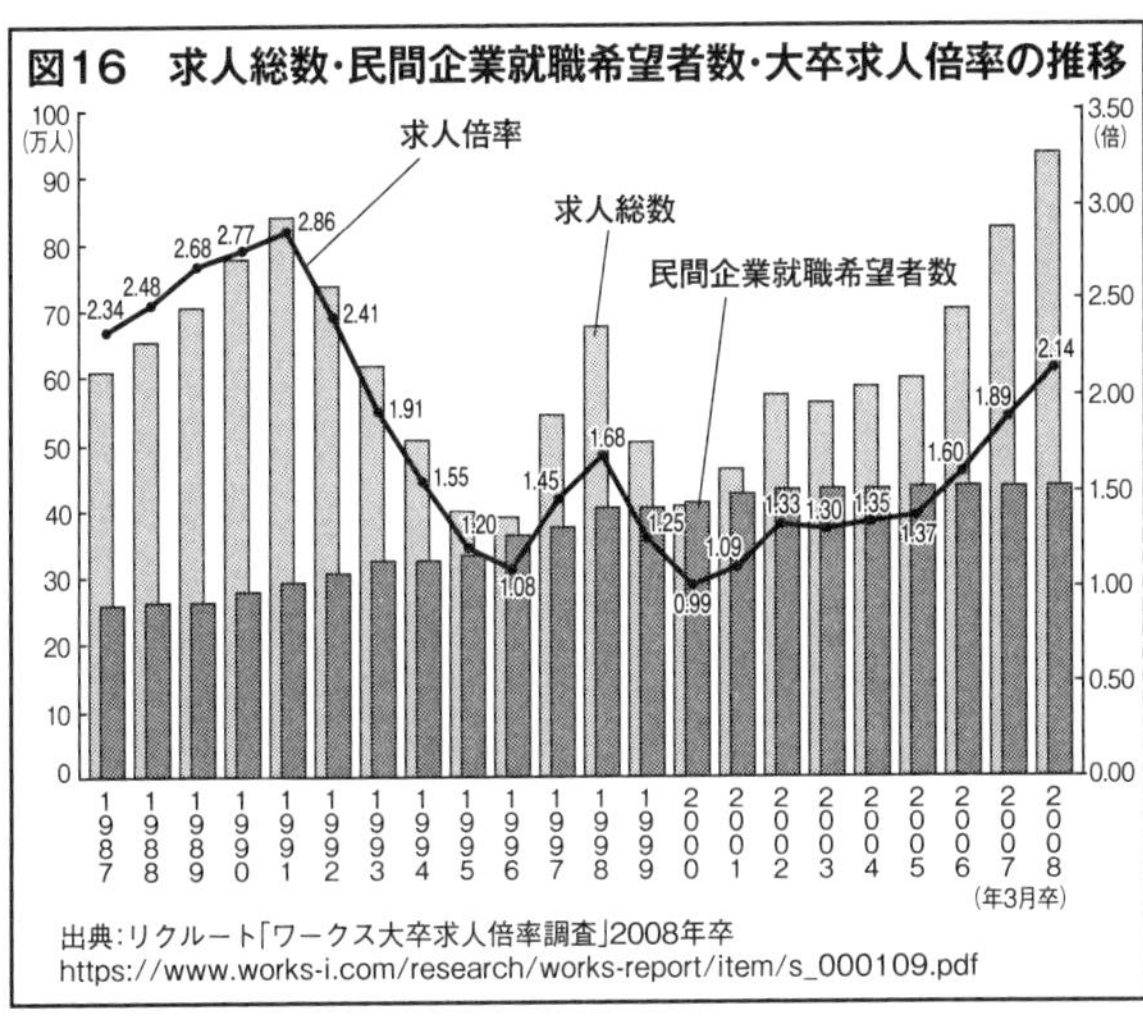

図16　求人総数・民間企業就職希望者数・大卒求人倍率の推移

出典：リクルート「ワークス大卒求人倍率調査」2008年卒
https://www.works-i.com/research/works-report/item/s_000109.pdf

事実でした。

それを証拠に、実質ＧＤＰ成長率は２００２年の０・12％から、03年には１・53％、04年には２・21％まで回復しています。マイナス成長ギリギリからのショボい上昇ですが、上昇は上昇です。

象徴的だったのが日経平均株価です。２００３年４月に７６０３円まで落ち込んだ日経平均株価は、同年末に１万６７６円、04年末には１万１４８８円、05年末には１万６１１１円にまで回復しました。

２００２年後半〜03年前半にかけて、一時５・５％台まで上昇した完全失業率も、03年12月には4・9％まで低下、その後もじわじわと下がり続け、07年には3・9％にまで低下しました。全国有効求人倍率も02年の0・56から反転し、06年には何とか1を取り戻しています。また、同年の大卒の求人倍率は1・60まで上昇しています（128頁の図15、前頁の図16）。

待ちに待った景気の回復です。人々の表情にも明るさが戻ってきました。2004年に開かれたアテネ五輪では日本選手が大活躍し、歴代最多のメダル37個を獲得したことも人々を勇気づけました。

シリコンバレーにあやかってビットバレーと呼ばれた渋谷のIT企業も、ちょうどこれぐらいの時期に大きな転換点を迎えています。2005年2月16日に、DeNAが東証マザーズに上場（約3年後、東証一部に市場変更）、同年6月1日、GMOインターネットが東証二部から一部に市場変更、06年9月14日には日本のSNSの草分け的存在であるミクシィが東証マザーズに上場しました。

公平性を欠いたライブドア事件

しかし、良いことは長く続きません。2006年1月16日、堀江貴文（ほりえたかふみ）氏率いるライブドアが東京地検特捜部から家宅捜索を受け、株価が急落します。日経平均株価は１月16日の終値１万６２６８円から２日間で１０００円近く値下がりして１万５３４１円となりました。１月23日に堀江氏は逮捕され、同年４月14日、ライブドアが上場廃止となりました。容疑は有価証券報告書の虚偽記載でした。堀江氏が投資事業組合を利用して粉飾したと言われた金額は53億円です。堀江氏は後に最高裁から懲役２年６か月の実刑判決を受け、刑務所に収監されました。

しかし、企業の粉飾決算を巡る事件でこれほど重い判決が出たことは稀でした。例えば、長銀は１９９８年３月期決算において約３１００億円もの損失を隠して罪に問われましたが、元頭取の大野木克信氏ら旧経営陣３名は最高裁で無罪となっています。また、２０１２年に起きたオリンパスの巨額粉飾事件において、約１１００億円もの損失をごまかした菊川剛元社長ら旧経営陣にも執行猶予付きの有罪判決が出ています。これらと比較して、堀江氏に対する判決は明らかに公平性を欠くとしか言いようがありません。そもそも金額が二桁も違います。

堀江氏はフジテレビとニッポン放送の株の買い占めでオールドメディアに盾突いた人であり、２００５年８月の郵政解散選挙では自民党を離党した亀井静香氏の刺客として広島で衆議院議員選挙も戦っています。こういった既得権に挑む行為が刑罰の恣意的な適用を招いたのであればトンデモない話です（なお12年に私は「堀江貴文の早期仮釈放支援の会」に応援メッセージを送っています。この判決は平等性を欠く極めて不当なものだと今でも思っています）。

マスコミが煽りまくった郵政選挙

さて、少し時計の針を戻して、堀江氏も出馬した２００５年の郵政解散選挙について解説したいと思います。この選挙はあまりに劇的な展開だったため、いまだに多くの人に強烈なインパクトを残していることでしょう。

２００５年1月21日、小泉首相は施政方針演説で郵政民営化を宣言しました。ところが、自民党の集票マシーンである特定郵便局長会などがこの改革案に猛反発し、自民党内でも議論が紛糾します。郵政民営化法案は自民党総務会においても全会一致の原則を敢えて曲げ、多数決で採決されました。同年7月5日、法案はなんとか衆議院本会議で可決されます。賛成２３３票、反対２２８票という際どい票差だったのは、自民党から多くの造反者が出たためです。自民党議員たちは特定郵便局長会から票がもらえなくなることを恐れて造反したのでした。

衆議院から参議院に送付された郵政民営化法案の審議も、当然のことながら難航しました。小泉首相は、この法案が否決されたら衆議院を解散して国民に信を問うことになると反対派を牽制します。ところが、反対派は「まさかそんなことはできないだろう」と小泉首相をナメていました。

8月8日の参議院本会議において郵政民営化法案が否決（賛成108票、反対125票）されると、小泉首相は間髪容れず衆議院を解散してしまいました。まさかと思っていた反対派は大いに動揺します。小泉首相は郵政民営化法案に反対した者には自民党の公認を出さないし、逆に対立候補を刺客として擁立するという強硬姿勢を打ち出しました。予想もしなかった展開に、マスコミは大いに盛り上がります。「小泉vs.守旧派」という構図でこの選挙を煽りまくりました。

しかし、自民党の内部抗争が注目の的となったことで、非自民勢力を糾合して野党第一党になっていた民主党の存在自体が霞んでしまいました。国民は造反組と刺客の戦いに熱中し、野党など眼中になくなってしまったからです。特に、東京10区の小林興起（造反組）vs.小池百合子（刺客）、広島6区の亀井静香（造反組）vs.堀江貴文（刺客）、岐阜1区の野田聖子（造反組）vs.佐藤ゆかり（刺客）は注目選挙区としてマスコミの取材が殺到しました。

選挙結果は小泉自民党の圧勝でした。自民党は296議席を獲得する大勝利。公明党の31議席とあわせて与党で衆議院議員定数の3分の2を上回る327議席を獲得しました。自民党の当選者のうち83人が初当選の新人で「小泉チルドレン」と呼ばれました（なお堀江氏は亀井氏に及ばず落選）。存在そのものが希薄となった民主党は113議席しか取れず惨敗し、岡田克也代表は責任を取って代表を辞任しました。

ゼロから分かる郵政民営化

ところで、選挙の争点となった郵政民営化とは一体何だったのでしょう？　あれだけ騒ぎになった割に、そのことを正確に知る人はとても少なかった印象です。自民党を離党してまで反対していた人は一体何を守りたかったのでしょうか？

いまだに郵政民営化に反対する人々は「アメリカが日本の預金を掠め取るためだ」といった陰謀論を語ります。また、当時あったもう少しまともな反対論は「地域の金融サービスが弱体化し、地方が切り捨てられ疲弊する」といったものでした。しかし、これらはいずれも郵政民営化が必要だった本当の理由に対する反論としては不十分です。前者は根拠のない陰謀論、後者は為（ため）にするこじつけでしかないからです。

郵政民営化の本当の理由は簡単です。あのまま続けたら郵貯（ゆうちょ）は破綻し多額の国民負担が発生する可能性が高かった。それだけです。

なぜ郵貯が破綻する可能性があったのか？　その理由は郵貯の収益構造にありました。元々、郵貯を通じて集められた貯金や簡易生命保険の掛け金は、国に貸し付けられていました。大蔵省資金運用部は借入金利として国債金利にプラス0・2％のプレミアムを乗せた優遇金利を設定し、郵貯に支払っていました。こうして集めた資金は特殊法人の出資金や貸付金として提供されていたのです。これこそが財政投融資、社会科の時間に習った「第2の予算」の仕組みです。

財政投融資が存在する大義名分は、民間金融を補完しつつ、①資源配分機能②所得再分配機能③景気調整機能の3つの機能を果たすためとされています。

例えば、かつて住宅金融公庫（現住宅金融支援機構）は財政投融資から資金を得て、民間金融機関よりも条件のいい住宅ローンを広く国民に提供していました。これは住宅取得を後押しする政府の補助金として機能しており、不動産業および住宅産業はその恩恵を受けていたことになります。

この他にも道路公団やかつての国鉄など、社会インフラを担う特殊法人に対して財政投融資から多額の資金が供給されました。そして、これらのインフラは日本の産業を発展させ大きなリターンを生んだことも事実です。

ところが、戦後復興も、高度経済成長もとっくに終わり、バブルも崩壊した2000年以降、この制度を続けていく意義は薄れてきました。なぜなら、この仕組みには重大な欠陥があったからです。

その問題点とは、「郵貯が資金を集めれば集めるほど、それに対応して無理やり運用先の投融資案件を作らなければならない」ということに集約されます。戦後復興や高度経済成長の最中であれば投資先はいくらでもあったのですが、バブル崩壊以降すでに日本には政府主導で投資すべき大型インフラ案件は存在しませんでした。それにも拘わらず、郵貯は金を集め続け、2000年3月には郵貯の規模は598兆円にまで膨れ上がっていました。このお金を無理やり貸し付けたところで、実際上のリターンは見込めません。

ところが、お金があればあるだけ投融資しなければならないという決まりを守り続けた結果、運用先である特殊法人がどんどん肥大化し、しかも、採算に見合わないどんぶり勘定のプロジェクトが次々に生まれてしまったのです。

その典型例が旧国鉄でした。資金があるからと採算の見込めない路線を作りまくった結果、不良債権の山が出来上がってしまったのです。債務総額はなんと24兆98億円。結局それは国民負担となりました。

1998（平成10）年に制定された「一般会計における債務の承継等に伴い必要な財源の確保に係る特別措置に関する法律」に基づき、この債務は一般会計、つまり、許しがたいことに私たちの税金で返済することになりました。そして、いまだに国民の税金から債務返済は続けられています。財務省によれば、その残高は2018（平成30）年3月末の時点で17兆2187億円もあるそうです（https://www.mof.go.jp/faq/budget/01ae.htm）。このような放漫経営を続ければ、国鉄に限らず、他の特殊法人もいずれ経営破綻し、郵貯から預かったお金は返済不能になったことでしょう。そこで、小泉内閣は財務省と組んで2001年に財政投融資改革を実行しました。その中身は次頁の図17の通りです。

財務省の説明によれば、「改革以前の仕組みでは、資金調達手段が郵便貯金、年金

図17　財投改革のポイント

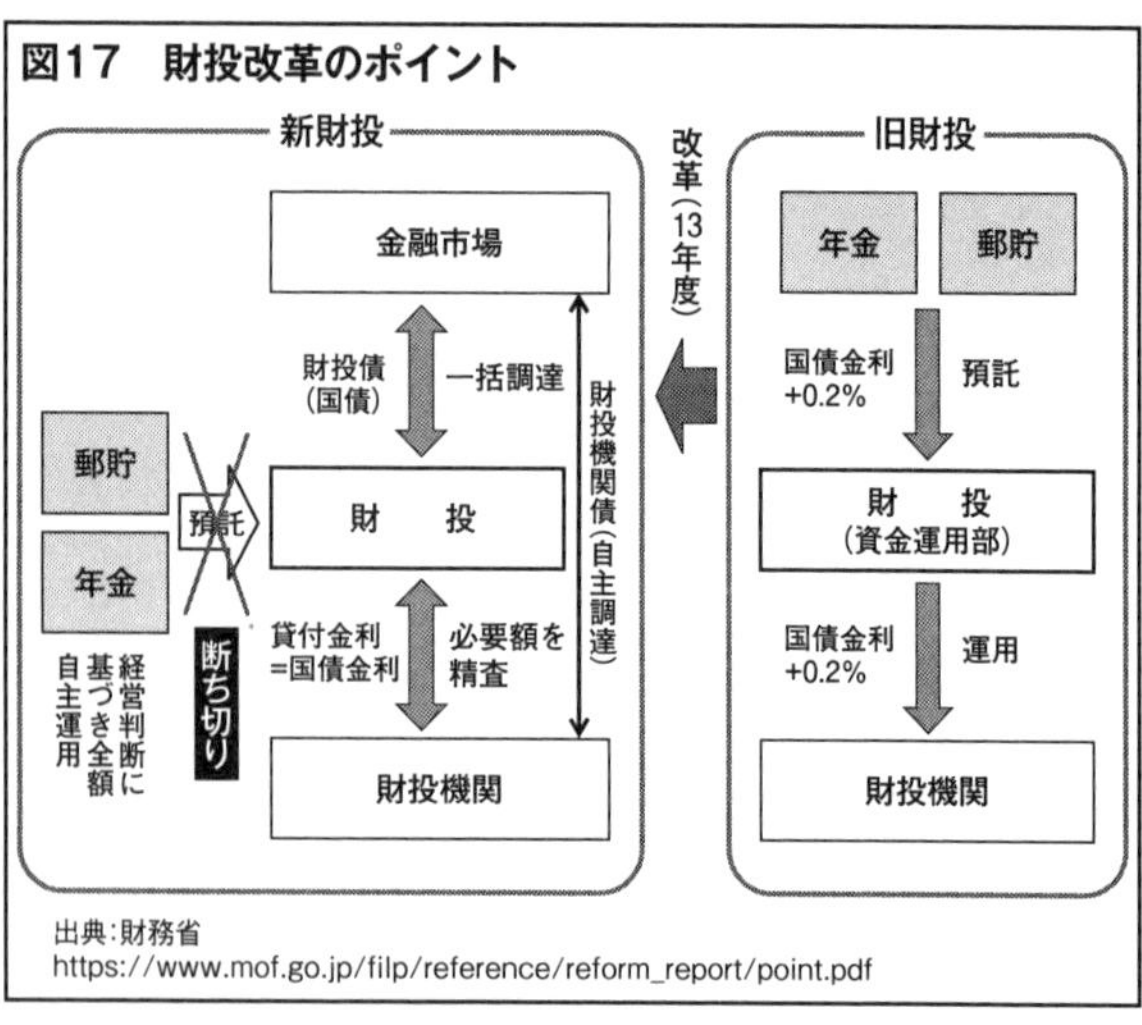

出典:財務省
https://www.mof.go.jp/filp/reference/reform_report/point.pdf

積立金等からの預託による受動的なものに限られ、資金需要に応じた効率的な資金調達が行えないといった問題」があったとのことです。これは先ほど説明した、郵貯が資金を集めてきた分だけ無理やり投融資してしまうという問題を指します。資金の調達先を郵貯から市場に変えることで、お金が先ではなく、案件が先にあって、それに必要な金額を集めるという当たり前の仕組みになりました。こうすることによって、次のような副次的メリットもあると財務省は説明します。

このほか、政策コスト分析の導入に

より、財政投融資事業について、将来、補助金や出資金の機会費用等の政策コストがどの程度生じるのかを明らかにすることで、財政投融資のディスクロージャーが進み、事業の妥当性の判断材料の提供、財投機関の財務の健全性の確保等が促進されることになりました。

（出典：「財政投融資改革関連資料」財務省https://www.mof.go.jp/filp/reference/reform_report/index.htm）

財投改革が実現したことで、大蔵省（財務省）の資金運用部は廃止され、同時に国債金利にプラス０・２％のプレミアムを乗せる郵貯向け優遇金利も廃止されました。実はここに大きな問題が生じていたのですが、郵貯はそのことに気付いていませんでした。郵貯にしてみれば、旧制度は集めたお金を無条件に大蔵省に吸い上げられ、運用する権限は一切与えられていませんでした。財投改革の結果、資金運用部は廃止され、郵貯は民間銀行のように自由に融資案件を選べるようになる。いわゆる「自主運用」が可能になったのです。

役所は常に権限の拡大を求め肥大化します。自主運用とは、別の言い方をすれば総務省の天下り団体である郵貯の権限が大幅に拡大したことを意味するわけです。総務省および郵貯の中の人が大喜びした理由はこれでした。ド素人（しろうと）が経営する巨大金融機関。それが郵貯の実態だったのです。しかし、彼らの喜びの裏で郵貯崩壊へのカウントダウンは始まっていました。

郵貯が民営化されなかったら、信用リスクをとるような貸出業務は行えない。その理由は公的主体であるので、もし万が一の場合に国民負担というわけにはいかず信用業務によるリスクをとることができないからだ。そのため、運用は基本的には国債またはそれに準ずるものに限定される。その場合、運用の平均利回りは国債金利程度になって、どのような経営努力をしても人件費などの利ざやを稼ぐことは金融理論上不可能である。（中略）郵政民営化準備室で試算された新規業務を行わない場合の「骨格経営試算」においても、現在の金融機関にとって有利な環境が継続する場合であっても年をおって経営がじり貧になることが示されている。そのじり貧傾向は、現在のような経済環境でなくなると、一層悪化することも示されている。2001年の財投改革により、郵貯は自主運用することになり、郵政サイドでは1

00年の悲願である「自主運用」が行えるようになったわけだが、一方で市場原理に組み込まれ、運用利回りを上げるために信用リスクをとらざるをえず、必然的に「民営化」を強いることになった。

（出典：「郵政民営化・政策金融改革による資金の流れの変化について」跡田直澄・髙橋洋一『Discussion Paper No.0502』慶應大学）

2004年度末の郵貯の運用額は214兆円、簡易生命保険では119兆円にまで膨れ上がっていました。しかし、公的機関である限り、この資金をリスクの高い案件には投資できません。なぜなら、仮にその投融資が失敗すれば「国民負担」となってしまうからです。では成功すればいいでしょうか？　実はそれもダメです。そんなリターンの高い案件を郵貯のような公的機関が奪うことは「官業の民業圧迫」となるからです。公的な金融機関である郵貯は、かつて民間銀行よりも高い預金金利で資金を集めていました。ところが、自主運用と引き換えに大蔵省（財務省）からのプラス0.2％のプレミアムがなくなったため、民間より高い金利を約束できなくなりました。財投改革以降、郵貯はどんなに頑張っても国債金利程度の預金金利を付けるのが限界でした。なぜなら運用先の利回りも国債金利程度だったからです。こうなると、どんな経営努力をしても人件費などの間接費を稼ぐことができなくなります。このままでは倒産確実です。

では、郵貯が払う預金金利を国債金利よりも大幅に下げて、利ザヤを確保するのはどうでしょう？　実はこの場合も大変な問題が起きます。金利の優遇がなければ、郵貯は民間銀行と一体何が違うのかという話になるからです。だったら民営化してしまえと言われても仕方ありません。結局、公的機関が本当の意味で「自主運用」することには大きな問題があったのです。２００１年の財投改革の時点で、郵貯は民営化しないまま存在してはいけない金融機関になっていたのでした。

郵政民営化はアメリカの陰謀でもなければ、地域の金融サービスのためでもない、郵貯が潰れて国民負担になるのを黙って見ているかどうかの問題だったのです。

郵政解散で圧倒的な国民の支持を得た小泉内閣は２００５年９月に特別国会を召集し、郵政民営化法案を成立させます。これで郵政三事業は完全民営化され、この時点では国民負担は回避したかに見えました（民主党政権による郵政民営化巻き戻しについては後述します）。

第5章 完全検証！「小泉改革で格差拡大」は本当か

なぜ日本で所得格差が拡大しているのか

久々の景気回復となった小泉内閣の経済政策に対して、「小泉・竹中路線で非正規労働者が増えて格差が広がった」という批判があります。果たしてこれは事実なのでしょうか？　実際のデータで徹底検証してみましょう。

所得格差が開いたかどうかを確認するにはジニ係数を使います。ジニ係数は、イタリアの統計学者コラド・ジニが考案した所得などの分布の均等度合を示す指標で、0に近づくほど所得格差が縮小、1に近づくほど拡大していることを示します。バブル期から2000年代中ごろまでのジニ係数を次頁のグラフで確認してみてください。比較のために他の先進国のデータも表示してあります（図18）。

フランスを除き、ほぼすべての国が趨勢（すうせい）として右肩上がりです。日本はアメリカやベルギーほど極端な上昇ではありませんが、バブル期の頃から一貫して右肩上がりになっています。先ほどの批判に対して答えるなら、「確かに小泉内閣の時、ジニ係数は上昇していたが、それは1980年代から一貫して続いてきたことで、小泉内閣がその犯人というわけではない」となるでしょう。

図18　等価可処分所得のジニ係数の国際比較（総世帯）

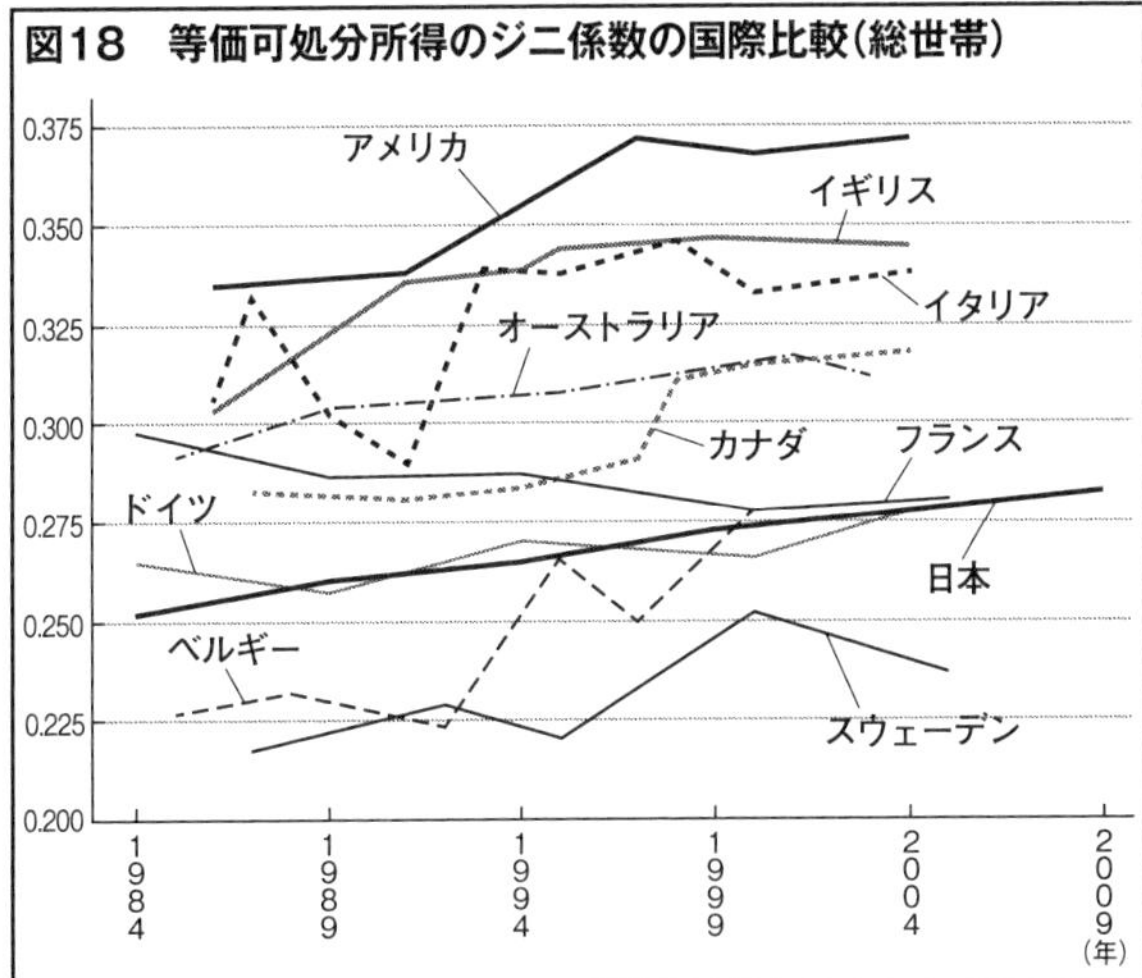

注）等価可処分所得とは国際比較可能な形で所得格差を把握するため、OECD採用の国際的な枠組みに基づき、単身世帯を含む全ての世帯（総世帯）について1世帯当たりの世帯人員を勘案した年間可処分所得。
出典：総務省統計局「平成21年全国消費実態調査　各種係数及び所得分布に関する結果」

国名（調査年）		ジニ係数
アメリカ	（2004年）	0.372
イギリス	（2004年）	0.345
イタリア	（2004年）	0.338
カナダ	（2004年）	0.318
オーストラリア	（2003年）	0.312
日本	（2009年）	0.283
フランス	（2005年）	0.281
ベルギー	（2000年）	0.279
ドイツ	（2004年）	0.278
スウェーデン	（2005年）	0.237

では、なぜ日本で所得格差が拡大しているのか？　その最大の理由は高齢化です。定年を迎えた人は所得がなくなるか、今までよりも給料の安い非正規雇用として働くかのいずれかを選ばなければなりません。そのため、高齢層が人口に占める割合が大きくなると、自動的に所得の低い人口が増えて格差が拡大することになります。

実際に日本の65歳以上の高齢層が人口全体に占める割合は２０００年で17・４％、05年で20・２％、10年で23・０％と右肩上がりでした。ちなみに、１９８５年は10・３％。バブル期から一貫してジニ係数が上昇している最大の理由はこれです。

では、小泉内閣に全く問題はなかったかというと、さすがにそこまでは言えません。すでに指摘した通り、小泉内閣は２００３年初頭までは清算主義路線、それ以降は緩和路線を経済政策として採用してきました。

小泉政権末期に見られたある現象

次頁のグラフはこの時期の就業者数の推移を表しています。小泉内閣は清算主義路線の頃に就業者数を大幅に減らしています。これは前の内閣から引き継いだこととはいえ大きなミスです。しかし、２００３年に方針転換した後は、就業者数をかなり増

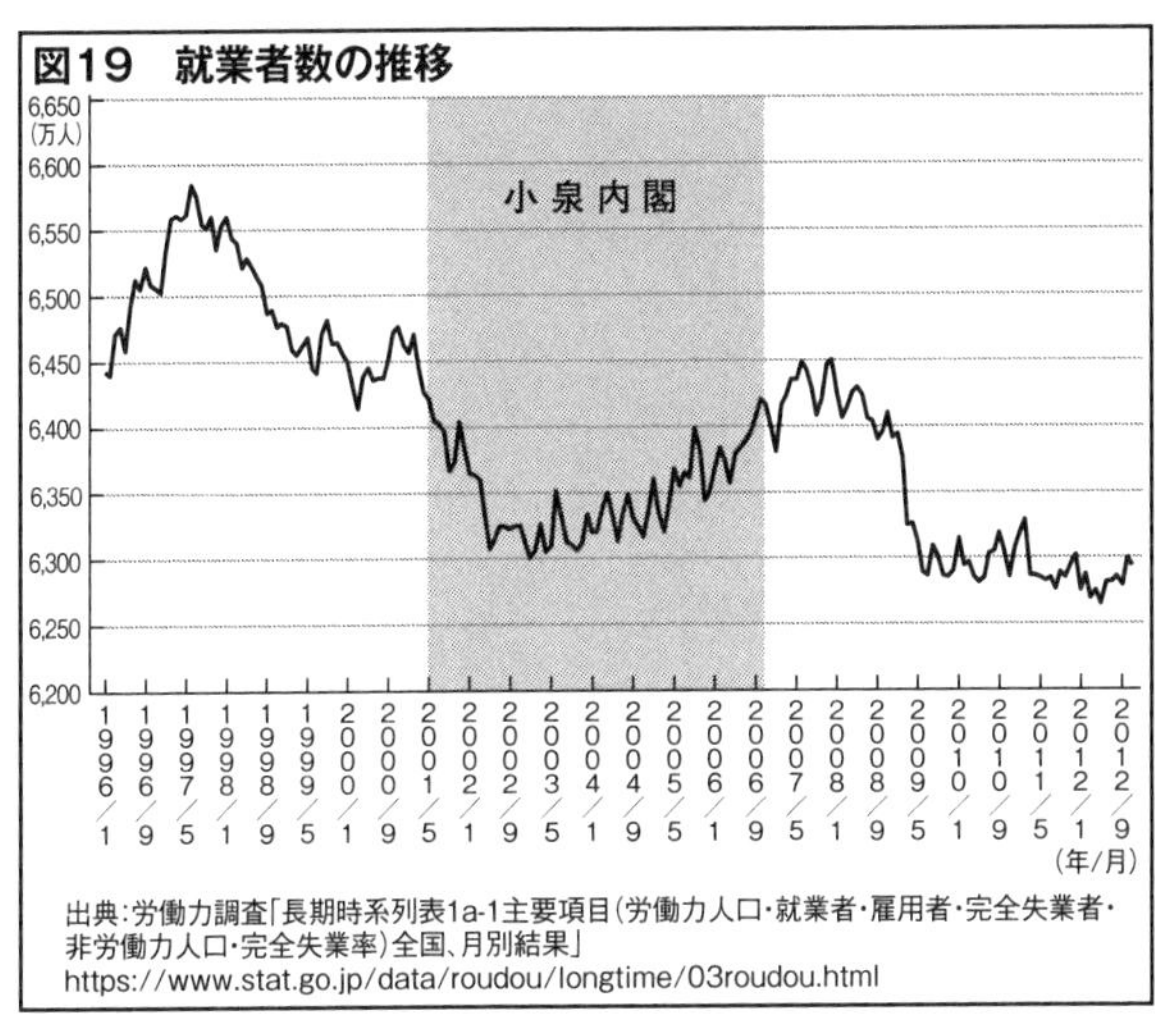

やしたことも また事実です。厳しく見ても、当初の自分でロスした分は、後半で完全に取り返しています（図19）。

また、雇われて働いている人（雇用者）に着目すれば、2001年4月の成立当初の5383万人から、退任時の5495万人まで111万人も増加させています。ただし、この増加は確かに批判されている通り、非正規雇用の増加によって支えられていました。

ざっくり言うと、約200万人の正規雇用が減り、約300万人の非正規雇用が増えて、差し引き約100万人の雇用者純増という結果です。

なぜこんなことになったのか？　そ

の理由は経営者のマインドにあります。バブル崩壊以降の日本経済の迷走を思い出してください。景気が少し良くなると日銀が利上げをしたり、政府が増税したりして景気の回復は長くは続きませんでした。企業経営者としては小泉内閣で多少景気が良くなっても、また昔のようにすぐ引き締めに転換するのではないかと不安になって当然です。

正社員はいったん雇い入れてしまうとなかなか整理することは難しく、採用を増やすかどうかの判断に経営者はとても慎重です。しかし、目の前に需要があって景気が良ければ人手が足りません。そこで、しばらくの間は非正規雇用を増やしてしのぎます。

ところが、景気回復が長く続くと将来的にも人手不足が続くかもしれないという心配が出てきます。そうなった時、初めて経営者は非正規雇用を正規雇用へ転換を考えるのです。似たような動きは、後のアベノミクスでも観察されています。

次頁のグラフは小泉内閣が清算主義を転換させた２００３（平成15）年から、退陣した06（平成18）年までの雇用形態別雇用者数の増減を表しています（図20）。

グラフを見ればわかる通り、小泉政権の末期になって正社員数が男女とも前年比プ

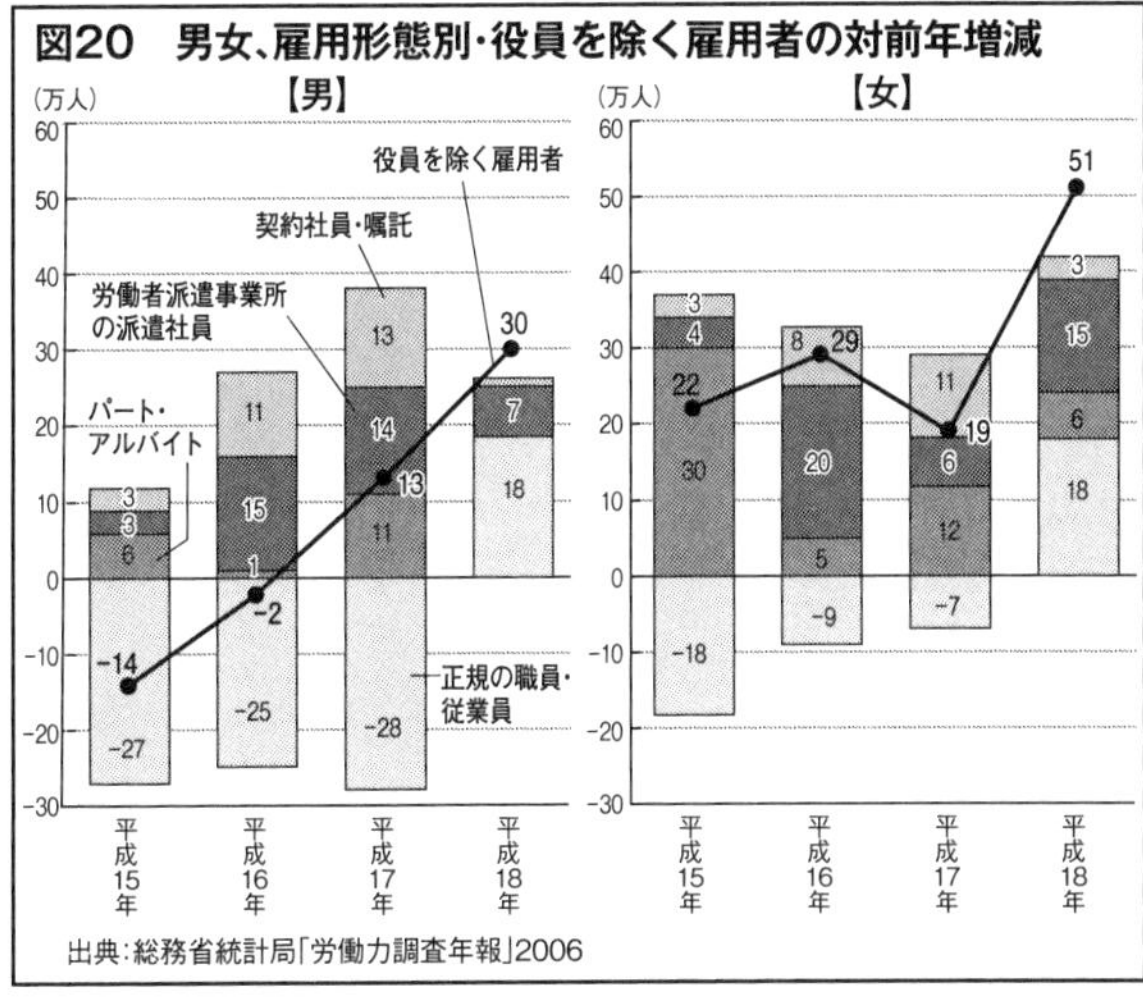

図20　男女、雇用形態別・役員を除く雇用者の対前年増減

ラスになっています。景気回復が４年続いてやっと経営者の採用マインドが変化してきたのです。１２９頁のグラフ（図16）でも、大卒求人倍率は小泉政権末期の２００６年から右肩上がりになっていることがわかります。雇用は遅行指数とはよく言ったものです。実際、雇用契約は一種の長期計画なので、長期的な好況がある程度見込めないとなかなか改善しません。つまり、小泉内閣の時に景気回復の流れの中でいったん非正規雇用が増えて、それが正規雇用へと転換されていく途中でした。この路線をせめてあと3年続けていれば……。

福井総裁の裏切り

ところが、この郵政選挙の裏で恐ろしい陰謀が進行していました。またしても日銀に不穏（ふおん）な動きが出始めていたのです。なんと、小泉首相に土下座して日銀総裁への就任を頼んだあの福井総裁が裏切りを企（たくら）んでいたのです。２００５年９月の記者会見で福井氏は次のように発言しています。これは量的緩和解除に向けた「地ならし」でした。

量的緩和政策の実態的な中身が、次第にゼロ金利政策そのものに近付いていくことを申し上げたのは、量的緩和政策の枠組みを修正する将来いずれかの時点で、金融緩和の度合いがガタンと階段をつけるように不連続に変化するわけではないことを申し上げたかったからである。つまり、今日に至るまでの段階でも、金融機関における信用不安を背景とした流動性の予備的需要は趨勢的に減ってきているわけで、それが最後の段階までずっと続いていく。そうだとすると、流動性の予備的需要が減衰する中で、量的緩和の枠組みで最後までコアとして残るものはゼロ金利そのものということである。そのように、量的緩和政策は、実行し続けている過程で中身が次第に煮詰まってきている。従って、将来のある時点で、金利を操作目標とする本来の金融政策に戻っても、その段階でガタっと階段がついて引き締まり色が急に強まるということではない。あくまで連続線上で考えられるようなシフトになるだろうと申し上げたのである。

（出典：「総裁記者会見要旨」２００５年９月29日https://www.boj.or.jp/announcements/press/kaiken_2005/kk0509f.htm/）※傍点は筆者

いずれ量的緩和政策を修正する可能性を匂わせたこの発言は、市場の警戒を呼びました。この後、福井氏はことあるごとに金融緩和の副作用を強調して、金融緩和に対してネガティブな態度を取ります。福井氏は小泉首相が念願の郵政民営化法を通したら、近いうちに政権を譲るだろうと考えたのかもしれません。日銀総裁にしてもらうために小泉首相に土下座して金融緩和とデフレ脱却を約束したくせに、相手が権力の座から降りるとなったら手のひらを返す。日本的な価値観からすれば、たとえ口約束でも約束は約束ですが、福井氏はそんな価値観を持ち合わせていなかったようです。

２００６年３月の日銀政策決定会合において、福井氏は量的緩和の解除を提案し、審議委員の賛成多数で可決しました。

その時、福井氏は「消費者物価指数の前年比はプラス基調が定着していく」と断言し、バブル再燃への警戒などから緩和解除を押し通しました。確かに、その時点における直近の消費者物価指数（コアCPI）の上昇率はプラス0・5％で、趨勢的に上昇しているかのように見えました。

異様な雰囲気に包まれた日銀政策決定会合

ところが、これは統計上の誤差による錯覚だったのです。いや、おそらく福井氏はこれが錯覚であることを知りつつ、金融引き締めありきで強引な会議運営をしたのかもしれません。なぜなら、消費者物価指数は西暦の末尾が0と5の年に改定されることになっており、基準年から離れれば離れるほど上振れする誤差が出ることは有名だったからです。

2006年8月には改定値による消費者物価指数が発表される予定であり、改定された真の値では物価はまだプラスに転じていない可能性がありました。もし8月まで待てば量的緩和の解除は大変な批判に晒（さら）されます。そうなる前に、「物価が―！」と騒ぎを起こして引き締めをしてしまおうと考えたのではないでしょうか。

3月の日銀政策決定会合は異様な雰囲気に包まれました。量的緩和解除を強引に推し進める福井総裁と、その提灯持ち（ちょうちんもち）の審議委員（水野温氏（みずのあつし））が、オブザーバーとして参加している政府関係者からの反対意見を押し切って無理やり解除を決めました。その時の様子が情報公開された議事録によって明らかになっています。

政府と日銀の〝温度差〟も深刻化。当時、政府高官は記者会見などで「デフレが続いている」として緩和継続の必要性を唱えていたが、水野氏は会合で「政治的な圧力が強いときは、日銀は自主的に金融政策を決定できないという誤解を与えかねない」と反発した。

政府側の出席者が「政府内部の意見を調整する必要がある」と一時中断を求めるハプニングも発生。29分後に再開されると、「判断を尊重する」と理解を示した上でゼロ金利の継続を求めた。結局、9人の会合メンバーのうち、反対票を投じた中原氏と欠席1人を除く7人の賛成で5年間の量的緩和策に終止符が打たれた。

（出典：「日銀、06年1～6月の議事録公表」SankeiBiz ２０１６年7月16日）

ちなみに、記事中の中原氏とは量的緩和の生みの親の中原伸之（なかはらのぶゆき）氏ではなく、元東京三菱銀行副頭取で2001～06年まで審議委員を務めた中原真氏のことです。福井氏の強引な手法は郵政民営化法案を巡る騒動や、2006年1月以降のライブドア事件の進展などの中であまり注目されることはありませんでした。

気を良くした福井氏は次にゼロ金利解除に着手します。7月に行われた政策決定会合において、福井氏は景気の上振れリスクばかり強調して、利上げの正当性を強弁しました。消費者物価指数の改定値発表は8月、あと1か月待ってからでも遅くなかったはずです。

短期金利を従来のゼロ%から0・25%に引き上げた7月13～14日の決定会合では、福井総裁が「経済・物価情勢は、今後ともシナリオどおり推移するがい然性が高い」と、物価の上昇に強い自信を表明。「これまでの政策金利水準をそのまま維持し続けると、逆に結果として、将来、経済・物価が大きく変動する可能性、リスクにつながる」と主張した。

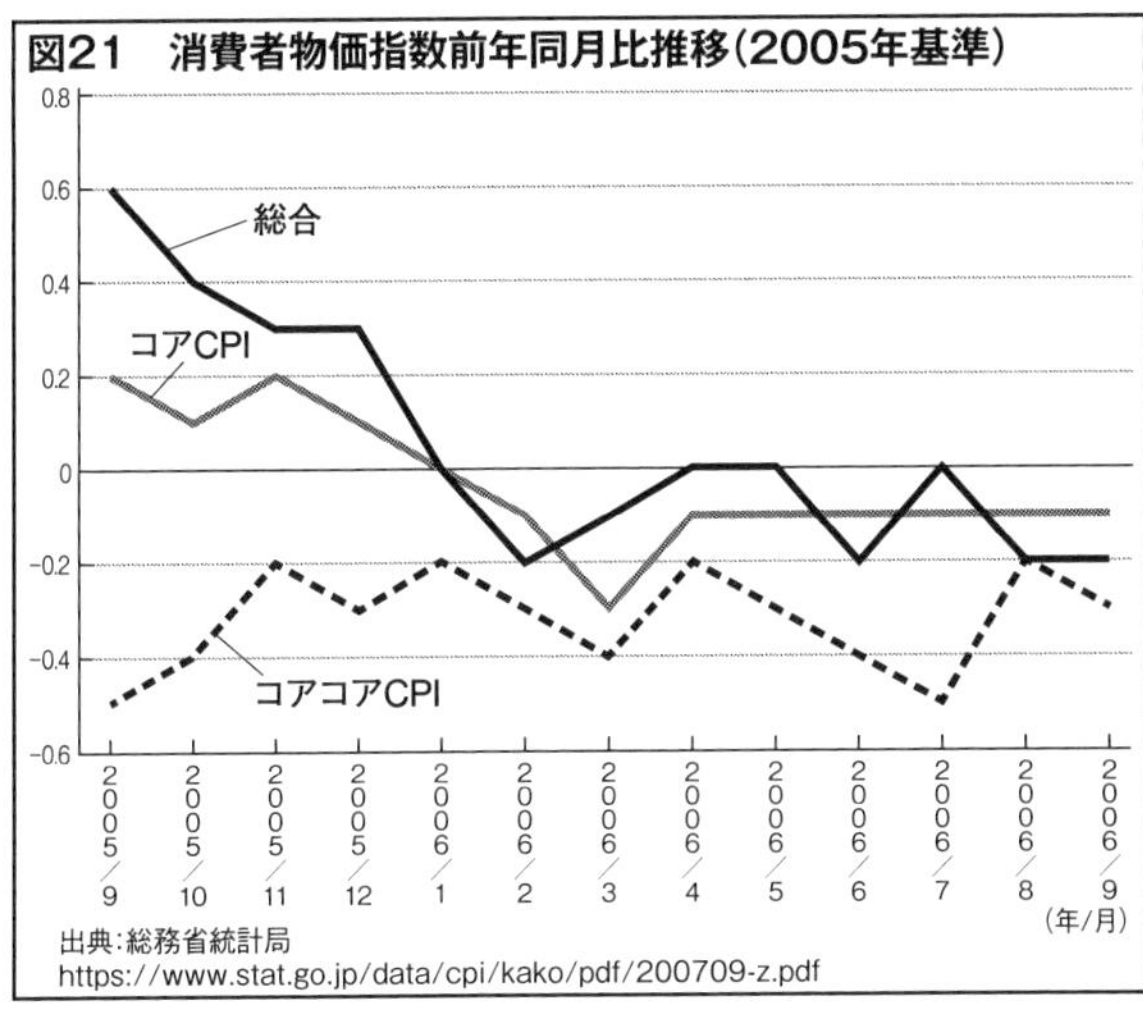

図21　消費者物価指数前年同月比推移(2005年基準)

他の委員も「ゼロ金利解除は金融市場で確実視されており、見送った場合、サプライズとなり金融市場が混乱する可能性が高い」(水野温氏審議委員)と平そくを合わせる。

一方、政府側出席者の赤羽一嘉財務副大臣は、ゼロ金利解除の提案後、財務相らとの意見のすり合わせを行い、会合は20分間中断。その後「インフレの懸念が見られない現在の状況では、ゼロ金利政策の解除については、必ずしも急ぐ必要はない」と、明確な反対姿勢を表明した。

(出典：前掲「日銀、06年1～6月の議事録公表」)

この決定会合の直後には8月の消費者物価指数の改定値が発表されました。当然、福井氏が主張する物価上昇のリスクは全くなく、物価上昇は統計上の誤差だったことが明らかになりました。繰り返しますが、福井氏はこのことを十分に承知しつつ、わざと急いで金融引き締めをしたのかもしれません。

前頁のグラフは2005年基準で改定された消費者物価指数の前年同月比推移です（図21）。

2006年以降、物価上昇率は総合指数、コアCPI（生鮮品を除く）共にマイナスです。コアコアCPIに至ってはそれ以前から一貫してマイナスでした。つまり、物価上昇率がマイナスだったのに、福井氏は利上げを行ってしまったのです。これは完全に間違っていました。

反省しない日銀と「モノ言う株主」

この時から7年後に設定される日銀の物価目標は2％です。2006年の物価上昇率は2％を突き破るほどの勢いを持っているでしょうか？　福井氏の量的緩和解除とゼロ金利解除は誰がどう見ても行き過ぎだったのです。日銀は三重野総裁時代の過剰な引き締め、速水総裁時代の病的な円高大好き症候群を全く反省していませんでした。

おそらく福井氏には焦りがあったのかもしれません。ゼロ金利解除の１か月前、福井氏は村上ファンドを巡るスキャンダルに巻き込まれていました。元経産省官僚という異色の経歴から投資家になった村上世彰氏は内部留保としてキャッシュを貯め込んでいる企業の株を買い占め、株主に還元するよう迫ることで「モノ言う株主」として名を馳せていました。その手法はかなり過激で、いい意味でも悪い意味でもマスコミに注目される存在でした。

ところが、その村上氏が２００６年６月、ニッポン放送株を巡るインサイダー取引疑惑で逮捕、起訴されてしまったのです。世間では「村上ファンドはやっぱり汚いことをしてお金を稼いでいたのか」という批判が高まりました。ところが、そんな村上ファンドに現役の日銀総裁の福井氏は個人的な資金を出資して儲けていたのです。この件が発覚すると、ワイドショーはこのネタで持ち切りとなりました。焦った福井氏は記者会見を開いて幕引きを図ります。

日本銀行の福井俊彦総裁は20日（筆者注・2006年6月）、東京都中央区の日銀本店で記者会見し、村上世彰容疑者が運用していた投資ファンド（村上ファンド）に個人で1000万円を拠出していた問題で、2005年末時点で運用資産の残高が2231万円と当初の2倍以上に達していたことを明らかにした。

内訳は、民間時代の99年に拠出した元本1000万円に対し、約6年間で得た純利益が562万円、含み益が669万円で、そのほか投資組合が解散した関係で01年2月にも分配金242万円の支払いを受けていた。

会見冒頭で、福井氏は「拠出を続けたことは日銀のコンプライアンス（法令遵守）ルール上、問題があることではないが、世の中をお騒がせしたことは私の本意ではない」と釈明し、混乱を引き起こした「ケジメ」（福井氏）として報酬の30％を7月分から半年間、自主返上する考えを示した。また、2月に同ファンドに解約を申し入れており、6月末にも清算される見通しで、その際に受け取る運用残高全額については「私の利益のためには使わず、慈善団体に寄付する」と述べた。

（出典：「日銀総裁、村上ファンドで2倍に」ライブドアニュース2006年6月20日https://news.livedoor.com/article/detail/2106649/）

当然のことながら、福井総裁は辞任すべきだという声が上がりました。野党も大問題だと騒ぎます。ところが、小泉首相は「説明は理解した。ルールにのっとっていれば問題ない」とこの件を不問に付してしまったのです。

もしこの時、福井氏をクビにして新しい総裁に元審議委員の中原伸之氏を迎えていれば日本の歴史は変わっていたでしょう。おそらく、アベノミクスを待つことなく、日本経済はデフレを脱却していたかもしれません。ところが、安倍晋三氏への政権禅譲が目前に迫っていた小泉首相はこれ以上、郵政解散のような揉めごとを起こすことはしませんでした。

第一次安倍内閣の誕生

本来なら、小泉政権下でなされた緊縮路線の放棄と金融緩和は、もっと大規模かつ長期に行われるべきでした。繰り返しますが、この路線をあと3年続けていたら、結果は全く違っていたでしょう。小泉政権が緩和路線に転じてから、リスクを取れずに国債ばかり買っていた銀行ですら、２００６年から国債の保有残高を減らし始めてい

第一次安倍内閣が発足　（提供：共同通信社）

たぐらいです。もう日本経済がデフレの長いトンネルを脱することは時間の問題でした。ところが、先ほど述べた通り日銀は裏切りました。06年3月に量的緩和解除、7月にゼロ金利解除。これで日本経済を推進するメインエンジンが止まりました。

すでに経済のエンジンが停止した状態の日本経済を、小泉氏から引き継いだのが第一次安倍内閣です。２００６年9月のことでした。この時点でお気の毒としか言いようがありません。

ところが、船はエンジンが止まってもしばらく惰性(だせい)で進みます。次頁のグラフは大卒の求人倍率を表しています

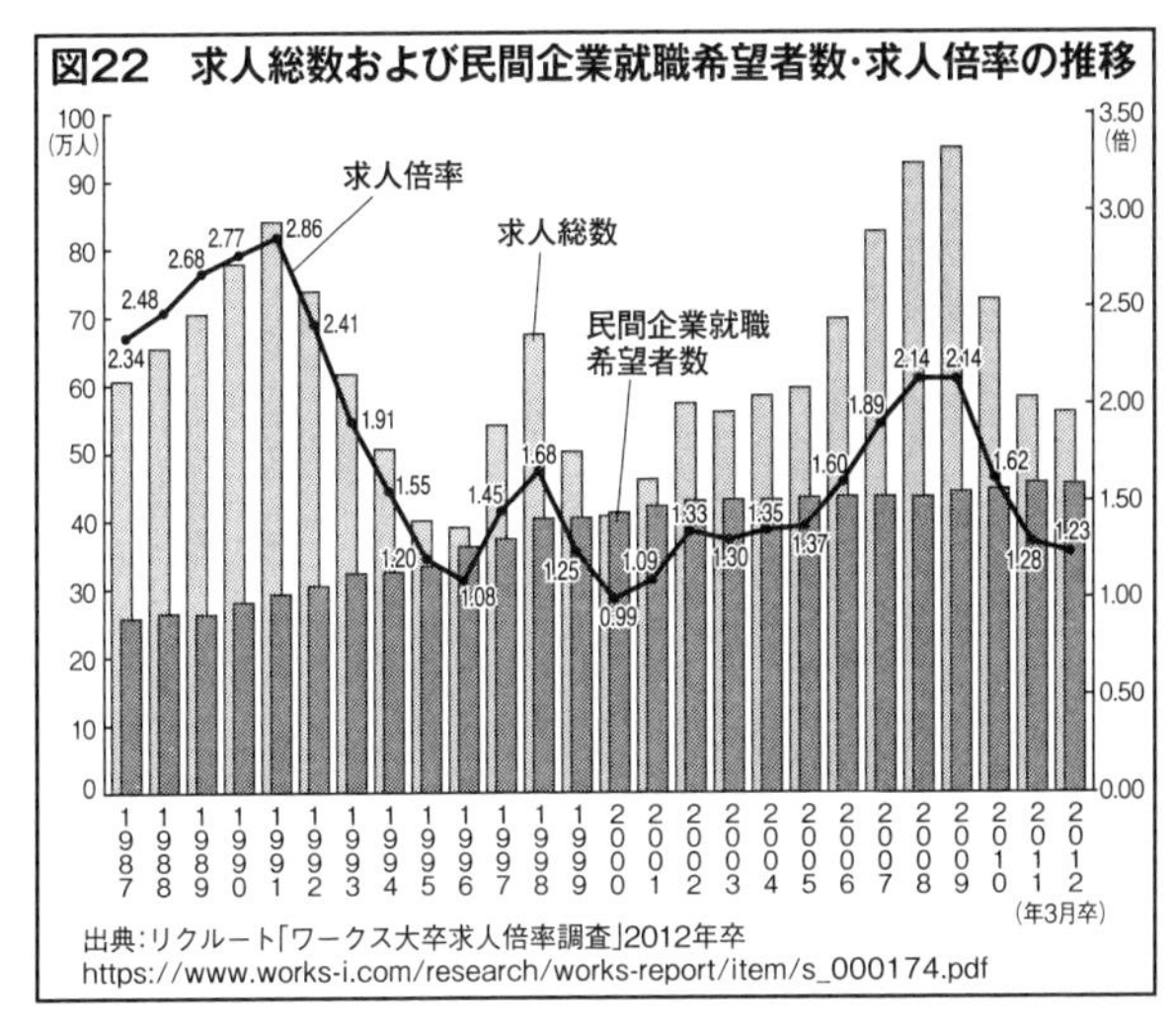

図22　求人総数および民間企業就職希望者数・求人倍率の推移

出典：リクルート「ワークス大卒求人倍率調査」2012年卒
https://www.works-i.com/research/works-report/item/s_000174.pdf

（図22）。

2006年3月に経済のメインエンジンが停止したにも拘わらず、09年まで大卒の求人倍率は2を超えていました。また株価も07年6月に小泉内閣以降の最高値1万8297円を付けます。それは惰性的な指数の上昇であったにも拘わらず、人びとは希望を抱きました。残念ながら、安倍首相もこの頃は金融政策にあまり関心がなく、むしろ教育改革や安全保障問題などに正面から取り組んでいました。

「消えた年金」と「公務員自爆テロ」

しかし、株価は2007年8月から下落の一途をたどります。そして、運の悪いことに同年2月から始まった社会保険庁改革関連法案の審議中に、「消えた年金問題」が発覚します。

事の発端は1997年に遡ります。公的年金加入者に「基礎年金番号」が割り当てられ、コンピューターで一元管理することが決まったのですが、社会保険庁の職員は仕事をサボりまくって入力ミスや入力漏れを放置していたのです。社会保険庁の労働組合が「コンピューター化は人員削減だ」「労働強化だ」と猛反発し、「コンピューター入力は1日5000タッチまで」とか、「45分働いたら15分休憩」などといった非常識な内容の覚書を労使で取り交わしていました。

後に『厚生労働白書（2010）』で暴露されたところによれば、社会保険庁は個人情報の漏洩、不正な監修料の受け取り、不適切事務、無許可専従などの服務違反が多発する腐りきった職場だったそうです。

第一次安倍内閣はこのデタラメを正すために社会保険庁改革関連法案を成立させよ

うとしていました。ところが、社会保険庁の職員が加盟する労働組合（自治労）は、自分たちがサボってデタラメになっているコンピューターの入力状況を、こともあろうに野党である民主党にリークしたのです。これがいわゆる「公務員自爆テロ」です。

民主党は国民年金など公的年金保険料の納付記録漏れが大量にあることを追及し、納付者を特定できない国民年金や厚生年金の納付記録が約５０００万件もあることが明らかになります。この数字に驚いた多くの国民が政府の対応を批判しました。

デフレを完全に脱却する前に経済のメインエンジンを止めてしまったため、この頃、世の中にはまだ経済的に報(むく)われない人がたくさんいました。彼らはその不満を政治にぶつけます。「消えた年金」というわかりやすい問題があれば、それはなおさらのことでした。

「消えた年金」問題の興奮冷めやらぬ中、２００7年7月に参院選選挙が行われます。当然ながら自民、公明の与党は大敗します。しかも、参議院の過半数は民主党を中心とした野党に取られてしまったのです。「経済的に困窮(こんきゅう)した人々はヤケを起こして危険思想に走る」という歴史法則の発動でした。

いわゆる「衆参ねじれ」がこの時始まりました。参議院の多数派を握った民主党はことあるごとに自民党を妨害し、国会を機能不全に追い込みます。景気の悪化で高まる政府への不満を増幅し、自らの支持につなげるためです。

日銀総裁が空席の異常事態

参院選の惨敗を受けて安倍首相は退陣し、新たに福田康夫（ふくだやすお）氏を首班とする福田内閣が成立します。しかし、民主党の妨害は止まらないどころか、エスカレートします。2008年3月、日銀の福井総裁の任期満了に伴う次期総裁の国会同意人事に関する審議がありました。民主党は参議院での数の力を頼みに、武藤敏郎（むとうとしろう）副総裁の総裁への昇格案を否決してしまったのです。

国会同意人事は衆参両院の同意が原則で、もし衆参が割れた場合、一応話し合いが持たれるものの、現実的には別の人でやり直しになってしまいます。民主党が反対した理由は「財金分離」という原則です。武藤氏は財務省のOBなので、日銀法で規定されている日銀の独立が守れないというのが大義名分でした（もちろん、こんなものは単なる口実であって何の根拠もありません）。

この後、自民党と民主党の話し合いは難航し、ついに福井氏は任期切れで退任、もう一人の副総裁だった白川方明(しらかわまさあき)氏が暫定的に総裁代行に就任するという異常事態となりました。

さすがに、民主党もこの状況はマズいと思ったのか、総裁代行の白川氏を総裁に昇格させることで妥協を図ります。２００８年4月9日、新たな日銀総裁に白川方明氏が任命されました。日銀総裁が約３週間もの間、空席となる異常事態は収束したかに見えました。しかし、実はこの白川氏こそがトンデモない無能者であり、日本経済に多大なるダメージを与えた張本人だったのです（この点についてはたっぷり後述します）。

福田内閣は日銀総裁人事のドタバタの裏で、ガソリン税等の暫定税率を10年間延長する問題においても民主党からの激しい攻撃に遭(あ)いました。民主党は参議院でこの法案の議決をせず放置しました。与党がそれを「みなし否決」とし、衆議院で再議決するまでの間、ガソリンの暫定税率が失効し、２００８年5月からガソリン代が値下げされるという珍事が起こります。おかげでガソリン代は1リットル当たり20円も安くなり、国民は拍手喝采(かっさい)しました。

ところが、自公連立政権は衆議院の3分の2の多数をもってこの法案を再可決し、暫定税率は1か月で復活します。一時的に安くなっていたガソリン代は再び1リットル当たり20円値上げとなりました。もちろん、国民の怒りは爆発します。

２００６年に日本経済のメインエンジンは既に止まっており、07年にはアメリカでサブプライムローン問題が発覚していました。多くの人が将来に対する不安から、ヤケを起こして過激思想に走りやすい状況にあったのです。福田内閣の支持率は５月には危険水域と言われる20％に迫り、その後盛り返すことはありませんでした。そして、福田内閣は、９月に退陣してしまいました。後を引き継いだのが麻生太郎氏です。

麻生内閣が発足したのは２００８年９月24日です。その９日前にアメリカ五大証券の一角だったリーマン・ブラザーズ証券が経営破綻しました。いわゆるリーマンショックの発生です。そんな経済危機の真っ只中で誕生した麻生内閣には、日本経済立て直しに向けた国民からのプレッシャーが重くのしかかっていたのです。

第6章 リーマンショックの教訓

100年に一度の危機

2001年のITバブル崩壊以降、アメリカでは長く低金利状態が維持されたことで、過剰な資金が不動産市場に流れ込んでいました。アメリカの住宅ローンはノンリコースローンといって、借金の返済に困ったら担保となっている住宅を売却することでそれ以上の支払いを免れることができる仕組みです。

銀行は住宅ローンが返済されないリスクを抱え込みたくないため、その債権を証券化し、市場で売却します。特にサブプライムローンのような低所得者向けの、リスクの高い住宅ローン債権は、できるだけ手早く証券化して売り払われることになります。当時、多くの銀行は、ゴールドマン・サックス、モルガン・スタンレー、ウェルズ・ファーゴといった「証券化工場」に住宅ローン債権を持ち込みました。住宅ローン債権はそこでオートローンやクレジットカードのローンなど、他のローン債権とゴチャ混ぜにされて債務担保証券（CDO）に再構成されます。そして、なぜか格付け機関からトリプルAのお墨付きをもらいます。CDOは利回りが高かったため、特に欧州の金融機関から大人気で、飛ぶように売れました。

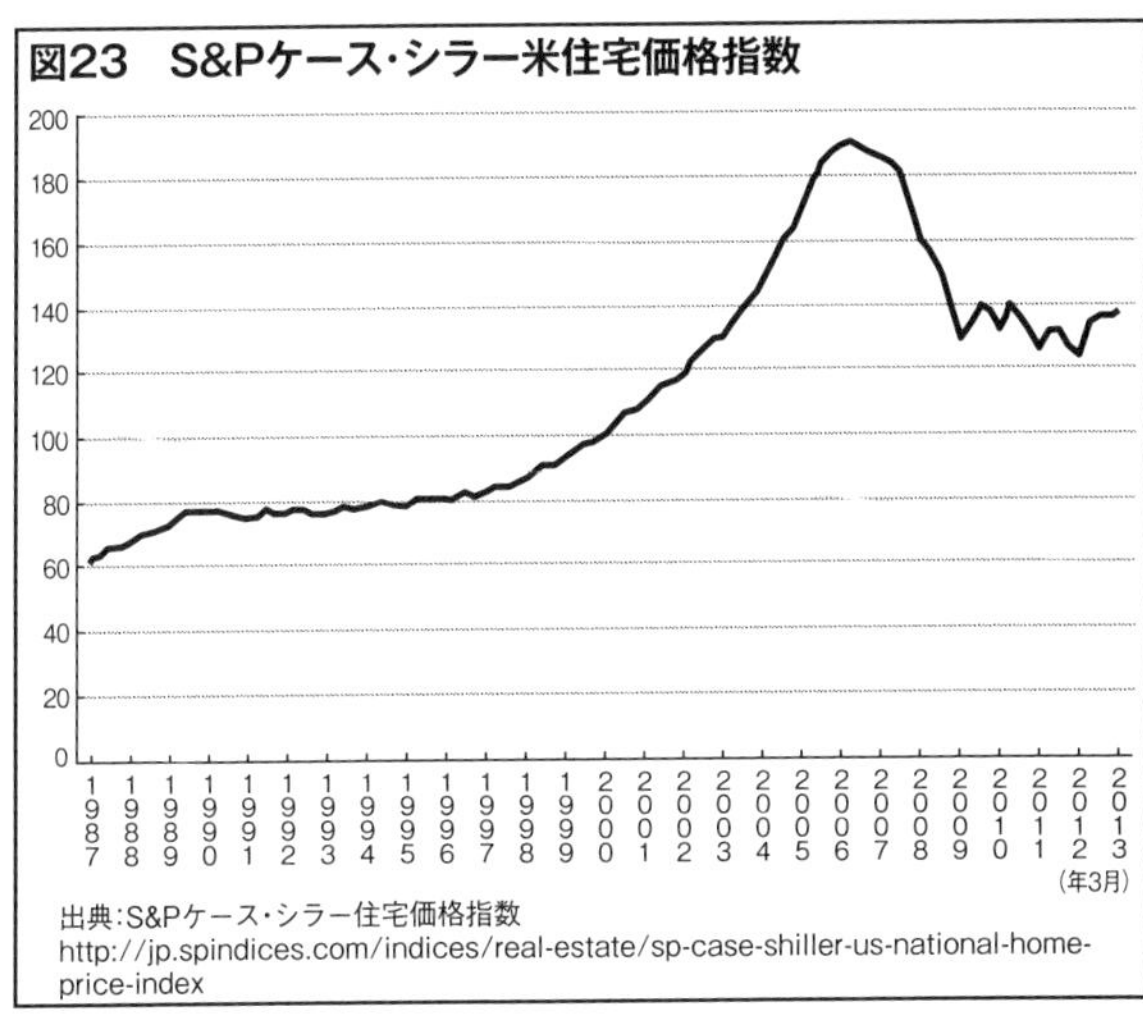

図23　S&Pケース・シラー米住宅価格指数

出典:S&Pケース・シラー住宅価格指数
http://jp.spindices.com/indices/real-estate/sp-case-shiller-us-national-home-price-index

ところが、２００４年２月から始まるアメリカの政策金利上昇で風向きが変わります。政策金利の上昇は住宅ローン金利にも波及し、新規の住宅ローンを組む人が減ります。住宅への需要が鈍化すると、住宅価格の伸びも鈍化します。

実際にデータで確かめてみましょう。上のグラフは、スタンダード・アンド・プアーズ（Ｓ＆Ｐ）社が公表しているアメリカの住宅価格指数（ケース・シラー指数）の推移を表しています。２００４年のＦＲＢ（米連邦準備制度理事会）の利上げからだいたい２年ぐらい後に住宅バブルがピークを迎え、その後急激に価格が下落している事実をご確認下さい（図23）。

アメリカ経済が好調で、不動産価格が右肩上がりの時は何の問題もありませんでした。ところが、２００４年からの金融引き締めで住宅価格の伸びが鈍化してくると、たちまち問題が発覚しました。

一般的なサブプライムローンは、日本で昔流行った「ゆとり償還」方式になっています。最初の2年間はかなり低めの固定金利が設定され、3年目以降は金利が跳ね上がり、固定金利から変動金利に移行するというものです。このため、２００４年頃にサブプライムローンを組んだ人は、住宅価格が値下がりし始めたタイミングで金利が跳ね上がってしまったことになります。このためローンの返済が滞って住宅が売却されても、ローン残高を全額回収できなくなってしまいました。特に、返済力のない人が借りていたサブプライムローンでは、返済遅延や貸し倒れが急増しました。

無責任な格付け会社は、こんな毒が混ざった商品にトリプルAの格付けをしていたのです。ところが、いざ住宅ローン破綻が増え始めると格付け会社は手のひらを返します。なんと、２００７年夏頃から突如としてこれら「優良商品」を一斉に格下げしたのです（ちなみに、格付け会社のムーディーズは後にウソの格付けの責任を問われ、米

図24　主要金融機関のサブプライム関連損失金額

金融機関名	国　名	損失額(億円)
シティグループ	米　国	49,113
UBS	スイス	39,697
メリルリンチ	米　国	34,347
AIG	米　国	34,240
バンク・オブ・アメリカ	米　国	18,404
RBS	英　国	17,655
モルガン・スタンレー	米　国	14,231
JPモルガン・チェース	米　国	11,663
HSBC	英　国	10,700
ワコビア	米　国	9,630
クレディ・スイス	スイス	8,881
クレディ・アグリコル	フランス	8,025
ドイツ銀行	ドイツ	7,918
みずほフィナンシャルグループ	日　本	6,450
ソシエテ・ジェネラル	フランス	6,099
バークレイズ	英　国	5,457
野村ホールディングス	日　本	2,620
農林中央金庫	日　本	1,869

注）欧米金融機関は07年7月～08年3月の累計。1ドル=107円で換算。日本の金融機関は08年3月期
出典：週刊ダイヤモンド「米銀を再び窮地に追い込む『カバードボンド』導入の衝撃」2008年7月14日

司法省および21の州に訴追（そつい）されました。2017年に自らの非を認め、合計で約8億6400万ドルの和解金を支払っています）。

この格下げには大きな副作用がありました。格下げによって、これらの商品の担保価値が大幅に見直されることになったのです。CDOのような複雑な仕組債の理論価値は、「将来のキャッシュフローの割引現在価値」を算定（さんてい）することによって決定します。ところが、サブプライムローンの破綻急増で、「将来のキャッシュフローの割引現在価値」そのものが算出不能になってしまったのです。簡単に言えば、値段が

つかないか、言い値で値付けするしかない状態に陥ってしまいました。

値段を付けられなければCDOを取引することは不可能です。その結果、流通市場が崩壊してしまいました。大量にCDOを抱えた金融機関は、手持ちの商品をなるべく早く手放して、リスクを軽減しようと大騒ぎを始めましたが、時すでに遅し！

サブプライム問題の損失穴埋めのため、これまで欧米から世界中に投資されていた資金が引き上げられました。このことで新興国の投資は激減し、高い経済成長率には急ブレーキがかかりました。さらに、アメリカの消費は冷え込み、あらゆる産業に失業者が溢れました。FRBのグリーンスパン前議長（2006年退任）はいみじくも「100年に一度の津波」と呼びました（主要金融機関のサブプライム関連損失金額は前頁の図24参照）。

リーマン・ブラザーズの破綻が決定

アメリカ政府とFRBはこの難局を乗り切ろうと必死で頑張り、2008年3月のベアスターンズ証券が破綻した際には、わずか72時間で救済策をまとめて何とか乗り切りました。ところが、同年9月にリーマン・ブラザーズ証券までもが危機に陥って

ロンドンの競売会社クリスティーズで競売にかけられるリーマン・ブラザーズの看板
（提供：共同通信社）

いることが判明します。当時アメリカ財務長官だったヘンリー・ポールソン氏は次のように回顧しています。

リーマンの資産を査定したところ、財務基盤が大きくむしばまれていることが判明した。法律の規定に阻まれ、ＦＲＢはリーマンの資本不足を埋め合わせることができなかった。買収者を必要としたのはこのためだ。買収資金を手当てするために、民間セクターによる３７０億ドルの融資を期待したが、その価値はすぐさま１００億ドルほども減る見込みだった。

（出典：「ポールソン回顧録　リーマン破綻の舞台裏」日経電子版２０１０年６月８日

https://www.nikkei.com/article/DGXNASFK0401C_U0A600C1000000/)

そこで、アメリカ政府はイギリスのバークレイズ銀行との合併による、公的資金を使わないリーマン・ブラザーズ救済を目論(もくろ)みます。しかし、英財務相アリスター・ダーリング氏は「リーマン買収はありえない」と言い切りました。あまりにも負担が重かったからです。ポールソン氏はブッシュJr.大統領に次のように説明したそうです。

「はい、大統領。リーマンは救済のしようがありませんでした。諸金融機関の支援を受けてもなお、買い手を見つけられなかったのです。とにかくこの困難を乗り越える努力をするしかありません」

（出典：前掲「ポールソン回顧録」）

政府からの支援がないとわかったリーマン・ブラザーズは、破産法の適用を申請する以外に道がありませんでした。２００８年9月14日、リーマン・ブラザーズ破綻が決定しました。後の世に言う、リーマンショックです。

アメリカ五大証券会社の崩壊

私が経済評論家の勝間和代氏と共同で投資顧問会社を始めたのは2007年1月のことです。当時、私たちは勝間氏が早稲田大学ファイナンス大学院で研究していた特殊な理論に基づいた企業の分析レポートを外資系のファンドに販売していました。私と勝間氏をつないだのは、01年に私が起業してからずっと経営パートナーだった瀧本哲史君（故人）です。東大出身の瀧本君は、大学こそ違えど弁論部の1期下の後輩であり、私の独立を支援してくれた恩人でもありました。瀧本君のマッキンゼー時代の同僚が勝間氏で、06年に紹介されて初めて会いました。勝間氏はその時点で自身の独立を検討していました。そこで、ケーブルテレビの営業コンサルで羽振りの良かった私は勝間氏を支援することにしました。その結果として設立されたのが、「監査と分析」という名前の投資顧問会社でした。

ところが、投資顧問業も軌道に乗り始めた矢先にリーマンショックが発生してしまいました。2008年10月頃には外資系ファンドの日本撤退が相次ぎ、顧客がいなくなってしまったのです。私は焦りました。調子が良かったケーブルテレビの仕事も前の年に終了していたからです。

しかし、運よくこのタイミングで勝間氏の書くビジネス書は売れに売れていました。マスコミで「カツマー現象」などとたびたび騒がれるようになります。そこで私は一計を案じ、この人気にあやかって、今でいうオンラインサロンの原型のようなビジネスを考えました。そして、勝間氏の協力を得て、これを実行することになったのです。

当初は、リアルセミナーとダウンロード式のコンテンツ配信を組み合わせた中途半端なオンラインサロンでした。しかし、これが大ヒットしたのです。会員は増え続け、2011年にはおそらく日本初の本格的なオンラインサロンとなる「勝間塾」がオープンしました。

とはいえ、リーマンショックのあった2008年9月の時点では、まさに呆然自失。私にはがむしゃらに新しいビジネスを軌道に乗せようと頑張った記憶しかありません。

正真正銘の国際金融資本であったアメリカ五大証券会社は、ほぼ崩壊しました。リーマン・ブラザーズは倒産し、モルガン・スタンレーは三菱UFJフィナンシャルグループの子会社になり、ベアスターンズとメリルリンチは吸収合併されました。辛うじて残ったゴールドマン・サックスもFRBから特別融資を受ける条件として会社組織を変更し、持ち株会社に移行させられました。栄華を誇ったアメリカの投資銀行モデルはものの見事に崩壊してしまったのです。

ブッシュJr.大統領は、これ以上この問題が拡大、深刻化することを防ぐべく、同年10月には金融安定化法を成立させました。総額7000億ドルに及ぶ不良資産救済プログラムの始まりです。2008年11月には、FRBも間髪容れず政府に呼応した大規模な金融緩和を始めました。その後3度に及んだ量的緩和（QE）の第1弾、総額1・72兆ドルに上る「異次元緩和」の始まりでした。

日本を襲った超円高

さて、アメリカ経済がこんなに大変なことになっていた時、日本政府および日銀は何をやっていたのでしょう？　リーマンショックの2日後、日本は福田首相の退任に伴う自民党総裁選の真っ只中にありました。9月17日の街頭演説会において、総裁候補者の一人だった与謝野馨経済財政担当相（当時）はリーマンショックについて「ハチが刺した程度。日本の金融機関が傷むことは絶対にない」と発言しました。極めて甘い認識だったと言わざるを得ません。

この総裁選は麻生太郎氏の勝利に終わり、与謝野氏は閣外に退きました。9月24日に麻生内閣が誕生し、麻生首相は「日本経済は全治3年」と宣言し、大規模な財政出動による景気対策を行うことが決まります。ところが、ここに大きな問題がありました。

麻生内閣の誕生の5か月前に、日銀総裁の国会同意人事のゴタゴタがあり、あの白川方明氏が日銀総裁に就任していたのです。しかも、白川氏は福岡県出身で麻生氏とは同郷でした。義理人情に厚い麻生氏は白川氏のメンツを重んじ、金融政策には一切口出ししないまま、財政政策だけでデフレ脱却を試みてしまったのです。

変動相場制の国において、金融政策のサポートなしに財政政策を発動すると、円高を通じてその効果は逃げてしまいます。いわゆる「マンデル＝フレミング効果」というやつです。大規模な財政政策の財源として円資金を市場で調達すれば、市場の円が不足します。円が不足すれば円の価値が上がる。円高で景気が悪くなったところに後から財政政策で穴埋めしても効果は限定的となります。次頁のグラフをご覧ください（図25）。

図中の2008年8月は福田内閣、10月は麻生内閣による景気対策です。1ドル1

図25　景気対策と為替レート

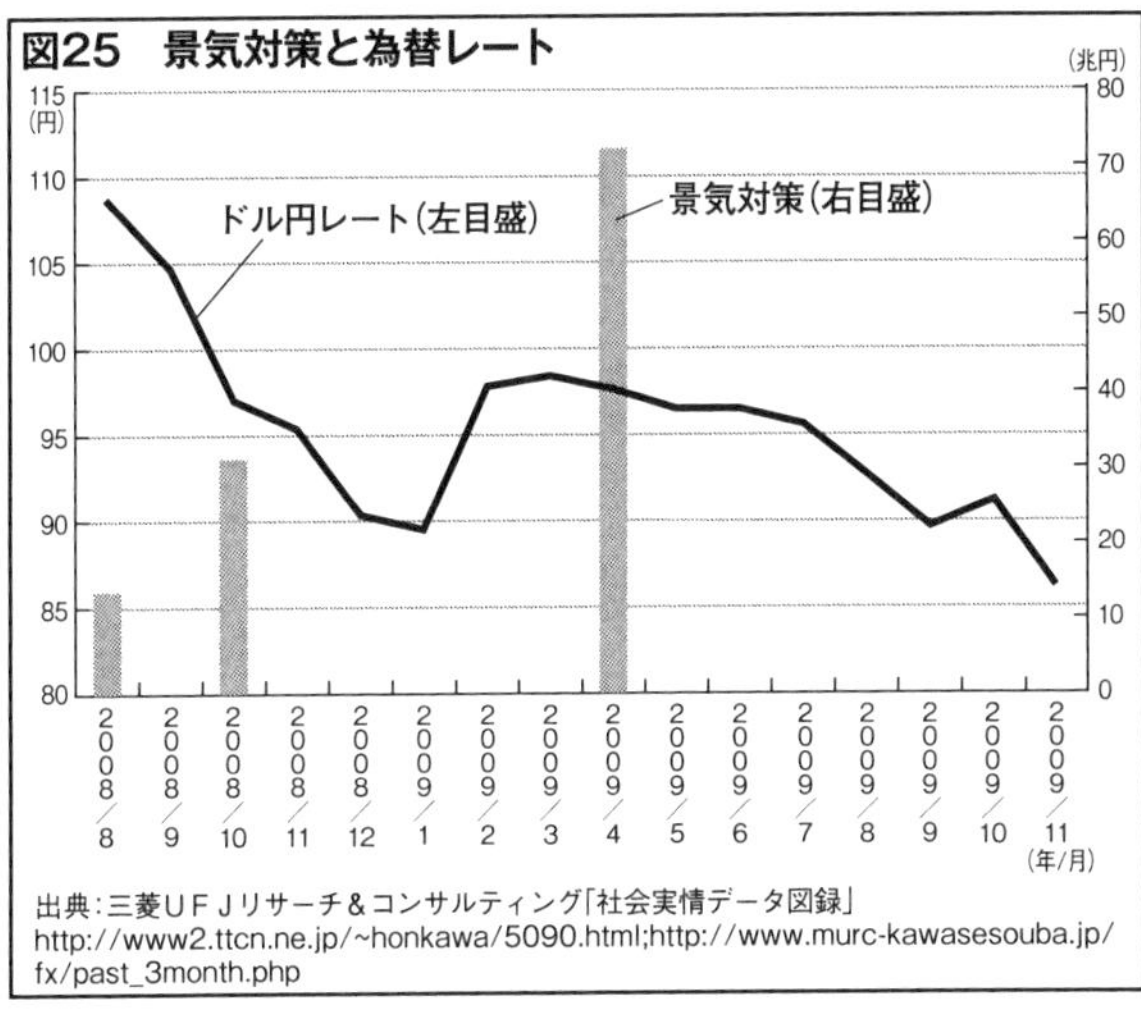

出典：三菱ＵＦＪリサーチ＆コンサルティング「社会実情データ図録」
http://www2.ttcn.ne.jp/~honkawa/5090.html;http://www.murc-kawasesouba.jp/fx/past_3month.php

00円台後半だったドル円レートは一気に90円台まで円高になりました。09年に入って少し持ち直しましたが、再び4月に大規模景気対策が実施されると年末にかけて円高が進み、11月には1ドル80円台に突入してしまいました。金融緩和のサポートなしに財政政策を全開にしたら、教科書通りの円高が起こっただけですが、麻生首相はこんな初歩的なことも知らなかったのです。

この超円高によってエルピーダメモリが1800億円もの大赤字を出し（4年後に倒産）、シャープが経営不振に陥ったりして、製造業の海外移転がさらに進み、国内産業は衰退していき

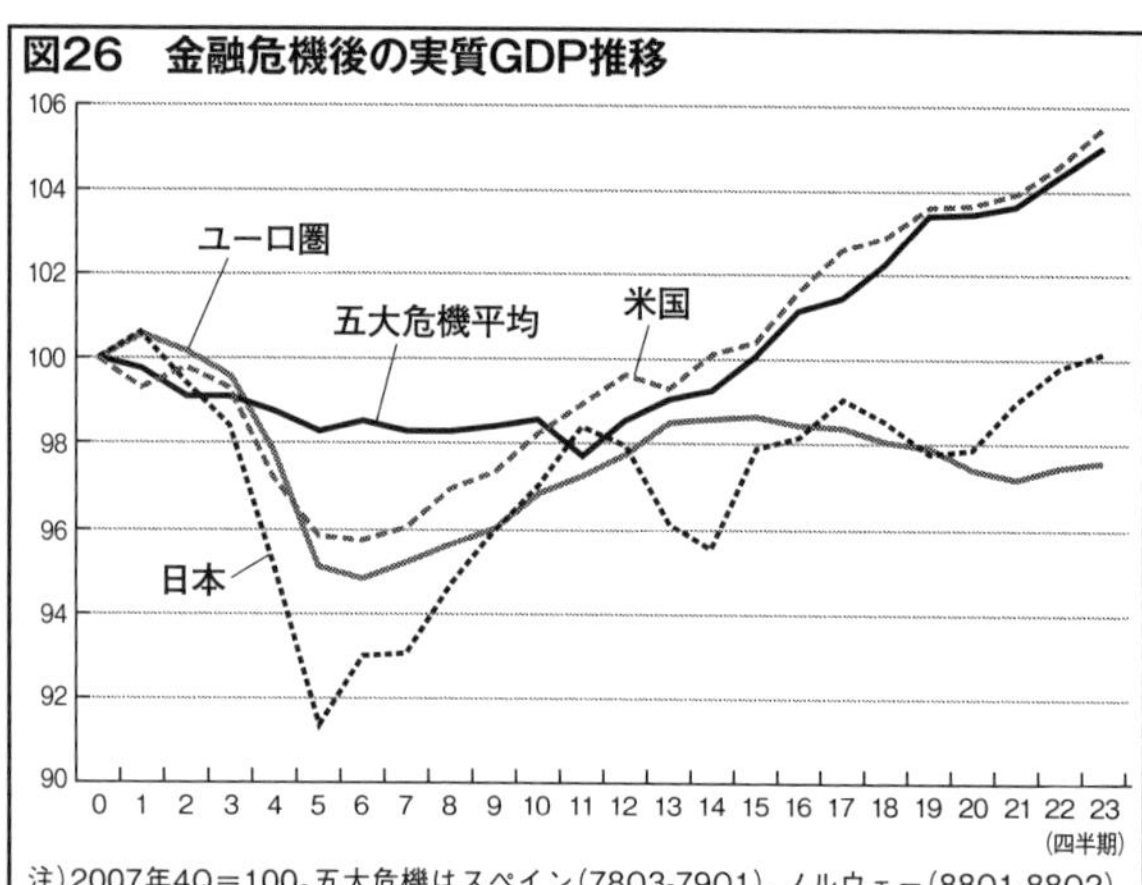

図26　金融危機後の実質GDP推移

注）2007年4Q＝100。五大危機はスペイン（78Q3-79Q1）、ノルウェー（88Q1-88Q2）、スウェーデン（90Q3-93Q1）、フィンランド（90Q1-93Q1）、日本（93Q2-Q3）
出典：「リーマンショック後の日米欧経済を振り返る」中島厚史／独立行政法人経済産業研究所
https://www.rieti.go.jp/jp/columns/s14_0006.html

ました。円高によって海外からの輸入品の競争力が相対的に強くなり、国内産業も大打撃を受けました。

リーマンショックはアメリカ発の経済危機であったにも拘（かか）わらず、日本のＧＤＰが先進国の中で最も減少し、回復の度合いもビリになりました。上のグラフはリーマンショック後の実質ＧＤＰ推移を、２００７年の第４四半期を１００として表したものです（図26）。

日本の銀行は問題となったサブプライムローンの仕組債などをほとんど所有しておらず、何の被害も受けなかったはずなのに、１年後の実質ＧＤＰの落ち込みは最大となっています。しか

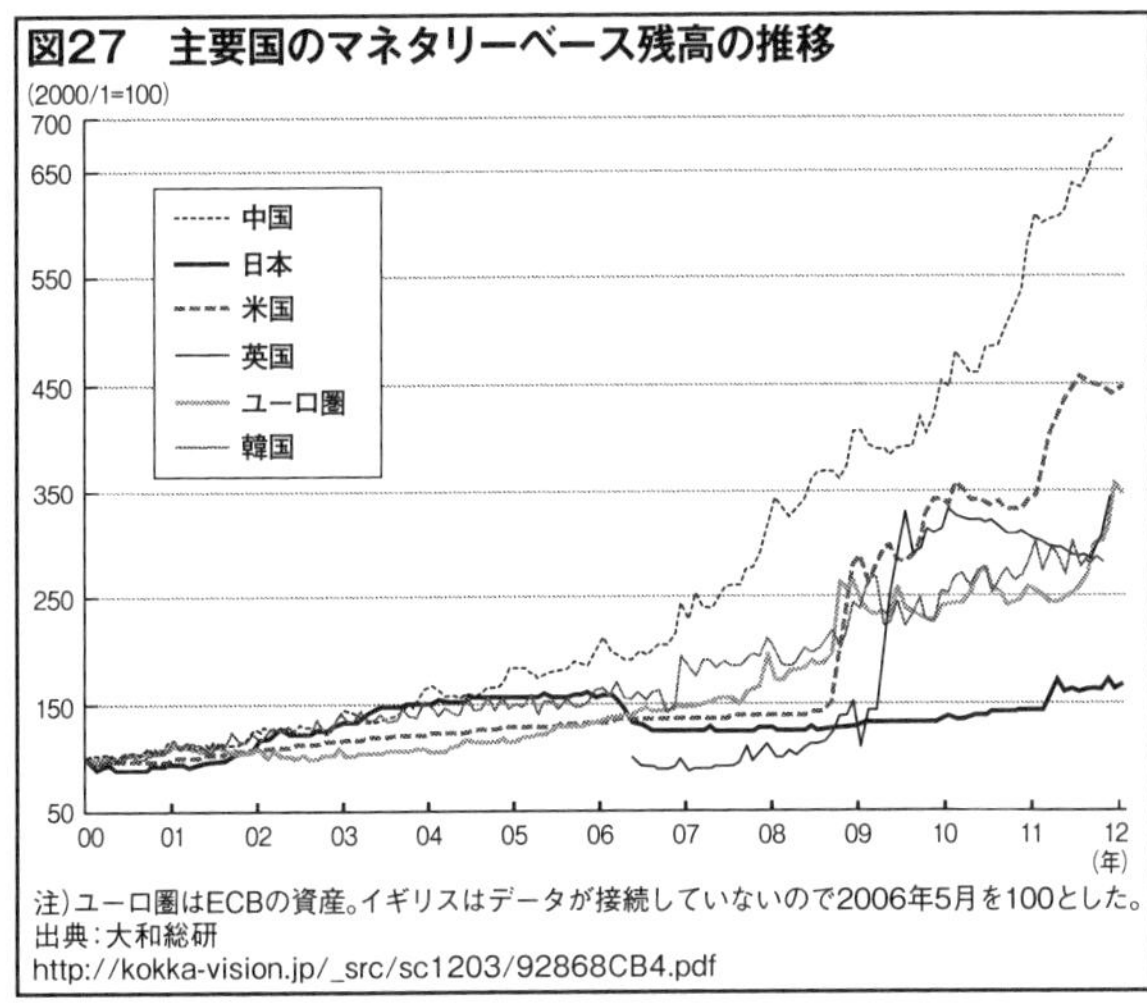

図27　主要国のマネタリーベース残高の推移

注）ユーロ圏はECBの資産。イギリスはデータが接続していないので2006年5月を100とした。
出典：大和総研
http://kokka-vision.jp/_src/sc1203/92868CB4.pdf

も、その後の回復のスピードも遅く、欧州債務危機に見舞われたユーロ圏と辛うじて同程度になっています。なぜこんなことが起こったのでしょうか？

その理由は簡単です。繰り返し何度でも言いますが、当時の日銀総裁の白川方明氏が無能だったからです。そしてその無能を放置したのが麻生首相でした。リーマンショック発生後、主要な先進国の中央銀行が桁違いの金融緩和を行いましたが、白川日銀は頑なに金融緩和を拒否。その結果、ドルやユーロやポンドが大量増刷されているにも拘わらず、日本円のみが不足するという異常事態を自ら招きました（図27）。

円が極端に不足した結果、市場では1ドル70～80円台の超円高が発生し、輸出企業が軒並み利益を減らします。加えて、国内産業も円高のせいで大幅に割安となった外国製品との競争に晒され、業績が悪化しました。多くの製造業が海外に工場を移転させたのもこの時です。おかげでせっかく回復していた雇用にも冷や水を浴びせられ、完全失業率は最大で5・5%まで上昇しました。

白川氏の危機感の欠如はリーマンショックの直後に開かれた2008年9月17日の記者会見において如実に表れております。以下、該当箇所を引用します。

（問）今回の米国の危機で、日本の金融機関でリスクにさらされている資産があるということでまず影響が出ていますが、こうした日本の金融機関などへの影響について基本的な見方をお聞かせ下さい。

（答）金融機関への影響について申し上げますと、わが国の金融機関のリーマン・ブラザーズへの与信は大手行中心であり、これに関連した損失が発生する可能性はありますが、大方の先では期間収益で吸収可能な範囲内とみられます。従って、これが経営体力の大きな毀損につながる可能性は低く、全体として、わが国金融システムの安定した状態が脅かされることはないとみています。もちろん、リーマン・ブラザーズの破綻が国際金融資本市場全体に大きな影響を与え、そのことが世界経済に影響を与えていくというルートも含めて点検していきますが、現在、このことによって国際金融資本市場がさらに大きく動揺して、経済の安定が脅かされるとは考えておりません。リスクとしては十分認識しています。いずれにせよ、現実に国際的な金融資本市場が緊張しているわけですから、そうした状況が金融システムの不安定さというものに繋がらないようにしていくことが私どもの責務だと思っています。

（出典：「総裁記者会見要旨」日本銀行２００８年９月18日https://www.boj.or.jp/announcements/press/kaiken_2008/kk0809b.pdf）※傍点筆者

傍点部分が白川氏の政策スタンスを雄弁に語っています。詳しく解説しておきましょう。

白川日銀「動かざること山のごとし」

まず、「わが国金融システムの安定した状態が脅かされることはない」と述べたことの真意は、「1990年代末のような銀行倒産による金融システム不安は起こらない」ということです。意地悪な言い方をすれば、日銀の管轄内である金融機関は潰れませんということであり、ある意味責任回避です。白川氏からすれば、金融機関さえ潰れなければ与えられた任務は完了したことになる。極めて小役人的、低すぎる意識の表れといっていいでしょう。

次に「経済の安定が脅かされるとは考えておりません」という部分は、金融機関さえ守り切れば、その後に起こる経済現象はすべて民間の責任であり私は関知しないという意味です。白川氏にとって「経済の安定＝金融システムの安定」であって、それ以外の部分は下々の民間経済が勝手にやっていることになります。私がこう決めつける理由は日銀の行動にあります。リーマンショック直後のあまりにも遅い日銀の動きが、危機感の欠如を如実に物語っているからです。

2006年3月に量的緩和解除、7月にゼロ金利が解除され無担保コールレート（オーバーナイト物）という銀行間貸出金利の誘導目標が0％から0・25％に引き上げられました。翌07年2月、この金利はさらに0・5％まで引き上げられています。

リーマンショックの発生直後の2008年10月、白川氏はこの無担保コールレート

(オーバーナイト物)を0・3%、12月19日に0・1%まで引き下げました。一見、即座に利下げしたように見えます。しかし、これは極めて不十分な対応でした。

なぜなら、同じ時期に各国中央銀行が本格的に金融緩和路線に転じ、ゼロ金利政策と併せて大規模な金融緩和(量的緩和)を実施したからです。当然、日銀にも同等規模の金融緩和を求める声が上ります。しかし、白川氏はそれをことごとく無視し、ゼロ金利復帰すら拒否します。日銀は金融機関が潰れないように細かい資金繰りの調節をするのみで、「動かざること山のごとし」の状態だったのです。

白川方明・日銀総裁　(提供:共同通信社)

リーマンショックから約2年後の2010年10月、日銀はようやく「包括的な金融緩和」なる方針を打ち出し、ゼロ金利に復帰したものの、国債の買い入れは短期国債や償還期限の迫った長期国債(実質的には短期国債)に限られた名ばかりの金融緩和を行いました。世間に批判されないようにやったフリをして、体裁を整えただけです。この行動が示すものはつまり「金融機関さえ守り切れば、その後に起こる経済現象はすべて民間の責任であり、私は関知しない」という中央銀行総裁としてあるまじき政策スタンスです。金融システムが不安定化しそうになったら日銀は何かするが、そうならない限り何もしない。失業が増えても、超円高が進んでも、経済成長率が著しく鈍化しても、それは政府や民間企業の努力不足であり、我々は関知しないということです。まさに「日銀貴族」の真骨頂です。

白川氏が金融政策の不作為を続ける中、麻生内閣は二度の景気対策によって経済の浮上を図りますが、前述の通りそれは「マンデル＝フレミング効果」による超円高を招いてしまいました。その結果、企業業績は軒並み悪化し、失業率も上昇します。人々の不満は頂点に達し、あの歴史法則が発動しました。

第7章 悪夢の民主党政権誕生からアベノミクスへ

危険思想の塊・鳩山由紀夫

経済的に困窮した人々はヤケを起こして危険思想に走る。２００９年8月の衆院解散総選挙で自民党は歴史的大敗を喫し、民主党への政権交代が起こりました。民主党鳩山内閣の誕生です。

しかし、いま思えば鳩山由紀夫という人物は危険思想の塊でした。２００９年8月27日にニューヨーク・タイムズに掲載された論文「日本の新しい道」がそのすべてを表しています。その中身は「リーマンショックはアメリカの市場主義が招いた自業自得の結果」「イラクでの敗退と金融危機でアメリカ一国主義は終焉し、中国が台頭する」「日本の新しい目標は東アジア共同体を作ること」「アジア地域においても欧州のような通貨統合を目指す」といった荒唐無稽なものでした。日本の安全保障の要である日米同盟を軽んじ、友愛精神に基づいて「東アジア共同体」を作り、通貨統合や平和安全保障システムを構築すると言いますが、実現可能性はゼロです。なぜなら、支那大陸を統治する中華人民共和国（中国）は共産党による一党独裁国家であり、日本のような民主主義、自由主義の国とは基本的価値観において相容れないからです。

悪夢の民主党政権誕生　（提供：共同通信社）

さらに鳩山内閣にはもう一つ大きな問題がありました。財務大臣の藤井裕久（ふじいひろひさ）氏です。彼はかつての日銀総裁速水優（はやみまさる）氏に負けず劣らずの円高原理主義者でした。しかも、藤井氏は円高原理主義者であると同時に、財政再建原理主義者でもありました。藤井氏は財務大臣退任後、民主党税制調査会長として消費税増税をしっかり推し進めています。つまり、民主党政権誕生の時点で円高は放置しつつ、国民生活よりも財政規律を優先するという極めて愚かな路線が確定していたのです。

２００９年９月16日に財務大臣に就任する前、藤井氏はロイターのインタビューに答えて次のような見解を述べています。

民主党の藤井裕久最高顧問は3日、ロイターとのインタビューに応じ、一時91円台まで進行した円高／ドル安について、現状は米経済動向を反映したドル安で、「急激な円高が進んでいるとも思えない。徐々に進んでいる」と分析。（中略）
一般論として「日本は基本的には円高がよい」と述べる一方、「円高政策をとる必要もないが、円安によって輸出を伸ばす政策は間違いだ」と語り、為替相場に対して基本は「中立」であることを強調した。
（出典：「インタビュー：現在は急激な円高ではない＝藤井・民主最高顧問」ロイター2009年9月3日https://jp.reuters.com/article/idJPJAPAN-11331920090903）

しかし、同年11月に円高がさらに進んで1ドル84円になると、さすがにビビったのか円高を牽制する発言をしました。11月27日のAFP通信の質問に対して以下のように回答しています。

藤井裕久財務相は同日朝、急激な円高は日本経済にとって「害のほうがずっと大きい」と発言。「無秩序な（為替の）動きには適切に対処する」と述べた。時事通信（Jiji Press）によると、必要ならば米欧の財務相・中央銀行総裁らと協議する可能性にも言及した。ただ、市場介入については触れなかった。
（出典：「円相場、一時84円台 日本経済に『害大きい』と財務相」AFP２００９年11月27日https://www.afpbb.com/articles/-/2668152）

一体この人は何を考えているのでしょう？　こんなことを言っても後の祭りです。しかも、藤井氏は口先で円高を牽制するばかりで、実際には為替介入をするわけでもなければ、日銀に金融緩和を要請するわけでもありません。結局、何もせず指をくわえて見ているだけ。当然、市場はそんな藤井氏の弱腰を見抜いて、さらなる円高アタックを仕掛けてきました。ドル円相場は東日本大震災の直前の２０１１年2月には1ドル81円46銭という記録的水準に達します。

これらはすべて当時の日銀総裁だった白川方明（しらかわまさあき）氏の不作為と、財務大臣だった藤井裕久氏（及びその路線を継承した野田佳彦（のだよしひこ）氏）の原理主義が原因です。日本経済が最大のピンチを迎えている時に、最悪の人物を選んでしまった民主党政権のセンスのなさには脱帽です。

そして、ここでもあの歴史法則が発動しました。経済的に困窮した人々は当初、鳩山内閣に期待していました。しかし裏切られた。そこで即座に手のひら返しが始まりました。発足当時70％の支持率を誇っていた鳩山内閣の支持率は3か月で半分程度に落ち込みました。原因は沖縄の普天間基地の移設問題や小沢一郎氏の金銭問題などのドタバタです。それから鳩山内閣は郵政民営化の見直しと称した逆回転政策を実行しました。完全民営化予定だった郵政三事業を半官半民の中途半端な状態に戻す法律も可決させました。このガバナンス欠如を招く愚かな「民営化修正」は、後に発覚するかんぽ生命による二重契約問題など様々な不祥事の原因となりました。

増税路線の悪手

さて、こんな絶望的な状況の中、一人の男が活動を開始しました。彼の行動が政府にどれぐらい影響を与えたかわからないし、おそらく影響は微妙過ぎて、ほぼなかったと言っていいでしょう。その男とは誰なのか？　もちろん私です（笑）。

上念　それからいろいろあって、２００８（平成20）年にリーマン・ショックが起こり、2009（平成21）年に民主党政権が誕生する。自民党はアホだから、金融政策わかってなかったけど、民主党になったら変えてくれるかもしれない、って思っていたんですよ。そう思っていたところに、勝間和代に、「マーケット・アイ・ミーティング」に出席してくれ、という話が飛び込んだ。2009年の終わりかな。

―2009年の11月5日ですね。栗原さんとのインタビューでも話しましたが、これは私も取材に行ったので覚えています。マーケット・アイ・ミーティングというのは、当時の菅直人副総理兼国家戦略担当相が、エコノミストの意見を聞く会でした。菅さんが首相になる半年ほど前です。

上念　そこで何を言おうか、って勝間と話しているとき、現時点ではリフレのポジションを取ったほうが目立つし、政策的にも正しいんだ、って言ったんです。勝間ともすごい議論になりました。彼女も完全にはわかってなかったんですよ。お金ってどこから生まれるんだ、とか。国債を出している量までしか通貨発行しちゃいけないんじゃないの、とか、金本位制みたいなことを言う。一生懸命説明して説得したらさすがに頭がいいのですぐに理解しました。それで、プレゼン資料を作ったんです。

そのとき、民主党政権が誕生して、数カ月しかたっていなかった。そのマーケット・アイ・ミーティングの直前までは、彼女はどっちかというとキムタケに近いような清算主義者的な意見をもっていたんですけど、そのときのブレストで彼女が変わった。たしかにその通りだ、これで行ってみよう、と。

――本番のマーケット・アイ・ミーティングのとき、勝間さんの後ろに上念さんがいて、口添えしていたことを覚えていますよ。

上念　あそこでバーンとプレゼンしたら、もう、バカ当たりして。勝間和代、リフレなの、って、みんなびっくりしていた。ビジネス本の著者として有名だけど、どっちかというとシバキ系のことばかり言っていたのが、この人リフレわかってんじゃん、アタマいいじゃん、みたいな反応で。

その直後に、宮崎哲弥先生が、朝日のウェブRONZAか何かで、勝間と、朝日の論説委員の3人で経済座談会をするという話があり、私も一緒にくっついて行きました。そこで宮崎先生と話したら、お前よくわかってるな、と言われて。携帯の番号を交換しました。そのあと、宮崎先生と田中秀臣先生が電話で話したとき、勝間和代が急にリフレ派になったのはどういうことだ、と田中先生が言って、宮崎先生が、勝間和代には上念というブレーンがいる、と話してくれたらしいです。上念？　あ、野口先生の講座に来てたアイツだ、と（笑）。それで、田中先生と若田部先生がうちの事務所に来てくれて、「これから連携してやっていきましょう」という話になった。これが、「デフレ脱却国民会議」が始まるきっかけです。
（出典：前掲『週刊「1億人の平成史」第19回』※筆者注：若田部先生とは当時早稲田大学政経学部教授で、現日銀副総裁の若田部昌澄氏のこと）

最悪の総理大臣・菅直人

2010年6月に鳩山内閣が退陣し、菅直人氏を首班とする菅内閣が成立しました。前の年に勝間氏に論破されてリフレ政策に染まったかのように思えた菅氏は、その後財務官僚に洗脳されて完全に財政再建原理主義者になっていました。しかも、菅氏は内閣府参与を務める小野善康（おのよしやす）氏（大阪大学教授）の増税理論を頭から信じてしまいました。

――菅首相の目指す「第三の道」という経済財政政策はこれまでの政策とどう違う

か。

「過去の自民党政権下で取られた第一の道は、消費者にお金をばらまけばいいというオールド・ケインジアンの発想であり、無駄な公共事業や減税、補助金を指す。第二の道は構造改革そのもので、1990年代以降に生産能力が余っているにもかかわらず生産能力を上げようとした小泉・竹中改革。双方に共通するのは、労働資源を活用することが頭になく、お金を使うか倹約するしかないこと。これでは需要と雇用は生まれない」

「第三の道は、人に働いてもらうことが目的。そのために資金が必要なら、増税しても構わない。そうすれば当初の増税分は家計に所得として返るので、その時点で家計負担はないし、サービスや設備も提供される。雇用が増加してデフレも雇用不安も緩和されるため、消費が刺激され、経済も成長して税収が増え、財政も健全化していく」

（出典：「インタビュー：失業率3％へ消費税上げも＝小野・阪大教授」ロイター2010年6月21日https://jp.reuters.com/article/idJPJAPAN-15903920100621）

小野氏の「第三の道」とは現在のＭＭＴ（現代貨幣理論）の提唱するジョブ・ギャランティ・プログラム（ＪＧＰ）に近い政策だったようです。しかし、財源を増税に求める点で小野理論はＭＭＴより筋が悪いです。ちなみに、小野理論もＭＭＴも机上の空論である理由は、政府が簡単に仕事を作れないという極めてシンプルな事実にあります。実際に社会主義諸国はそれにチャレンジして派手に失敗し、滅びました。そんな実行可能性の危うい政策より、過去にもデフレ脱却の実績があるリフレ政策が採用されるべきでした。

ところが、菅首相は小野氏にほぼ「洗脳」され、この政策を推し進めようと躍起になります。何を血迷ったか、２０１０年7月の参議院議員選挙には「増税」を公約に掲げたのです。菅首相は「増税すれば景気が良くなる」という珍妙なロジックを街頭演説で語りますが、多くの国民は首をかしげました。そして選挙結果は当然、民主党の惨敗となりました。

民主党は参議院における過半数を失い、２００９年までとは逆さまの衆参ねじれ現象が起こります。今回は民主党が衆院多数、自民、公明が参院多数となったからです。

東日本大震災

衆参ねじれ状態となって以降も、菅首相は迷走するばかりで民主党が当初掲げたマニュフェストは何一つ実現しませんでした。もちろん、この間も日銀は全く政府に協力しません。２０１０年10月に日銀は「包括的な金融緩和」という大仰（おおぎょう）な名前の政策をぶち上げますが、中身はゼロ金利政策以外ほぼスカスカの、見せかけだけのものでした。なぜなら、日銀は償還間際のほとんど現金と変わらない国債を買い入れて、「国債を買っている」という既成事実を作るだけだったからです。現金と現金を交換するような国債買いオペに効果があるわけはない。白川氏は相変わらず、銀行さえ潰（つぶ）れなければ何もしないという不作為を貫きました。

しかし、それでも日銀が円高原理主義者的な姿勢を少し緩めたおかげで、９０００円台まで落ち込んでいた日経平均株価は、何とか1万円台を取り戻しました。とはいえ、それ以上上昇する力はなく、相場はもみ合いとなっていました。

当然、経済的に困窮した国民の怒りの炎はくすぶり続けます。そして２０１１年３月、菅首相は外国人からの献金問題の発覚で追い詰められ、退陣までのカウントダウ

東日本大震災の被災地で黙礼される天皇、皇后両陛下（現上皇、上皇后両陛下）
（提供：共同通信社）

ンが始まりました。これで民主党政権が終わる！　そう思った矢先のことでした。

なんと、3月11日に東北地方を中心とするマグニチュード8・1の大地震が起こってしまったのです。さらに、地震によって全電源喪失となった福島第一原発は炉心融溶を起こし、水素爆発で建屋が吹き飛ぶ大事故となりました。一連の事件をすべて書き出すとキリがないのでやめておき、菅内閣の危機対応能力のなさを象徴する2つの事件だけ紹介しておきます。

東京電力の清水正孝社長が東日本大震災の発生当日の3月11日夜、出張先から東京に戻るため、航空自衛隊小牧基地（愛知県）

からC130輸送機に乗ったものの、防衛省側の指示で同基地に帰っていたことがわかった。北沢俊美防衛相は26日の閣議後の記者会見で「いろいろと連絡、調整に不備があったと聞いている」と述べた。

防衛省によると、3月11日の午後9時40分までに、経済産業省を通じて防衛省側に小牧基地に隣接する名古屋空港で足止めされている清水社長を輸送してほしいという打診があった。午後11時20分ごろ、担当者が報告したところ、防衛相は「被災者救援のための輸送を最優先すべきだ」との意向を示した。

（出典：「東電社長乗った自衛隊機Uターン　震災当日」日経新聞2011年4月26日
https://www.nikkei.com/article/DGXNASFS2600D_W1A420C1EB2000/）

福島第一原発の対応は最優先であり、トップ不在のままの危機管理は考えられない状況でした。大地震で道路は渋滞し、東京へのアクセスは自衛隊の飛行機しかなかったのに、北澤防衛大臣は原理原則を押し通して非常時の対応ができませんでした。

そしてもう一つは全電源喪失状態で危機に陥った福島第一原子力発電所に自ら乗りこみ、現場を散々混乱させて妨害した男についてです。その男の名前は菅直人という日本の総理大臣だったそうです。官邸では何度もパニックを起こして怒鳴り散らし、現場に介入してマイクロマネジメントをしては混乱を助長する最悪の総理大臣でした。そして、この総理にしてこの与党あり。民主党政権の危機対応は一事が万事、この調子でした。

復興増税という大愚策をマスコミも礼賛

さらに悪いことが続きます。東日本大震災発生から２日しか経っていない３月13日、自民党の谷垣禎一（たにがきさだかず）総裁は菅首相に復興支援の財源を確保する目的で臨時増税することを提案します。なんという愚かなことを。

地震は天災、原発事故は天災と人災の組み合わせでしたが、この復興増税だけは完全な人災でした。

東日本大震災の被害は甚大（じんだい）であり、当時の世間の空気は「募金でもするつもりで増税も仕方ないか……」というものだったと記憶しています。共同通信の世論調査によれば、３月26日、27日時点で復興財源を確保するための臨時増税に対して「どちらかといえば賛成」が47・４％で、「賛成」の20・１％と合わせ、容認派が67・５％となっていました。

もちろん反対意見もありました。野党の自民党の中川秀直元幹事長（当時）は「はじめに増税ありきで、どうして国民が奮い立つようなビジョンをつくることができるのか」と述べていますし、連立与党の国民新党の亀井静香代表は「谷垣は気が狂ってる」と痛烈に批判しています。ところが、彼らは少数派でした。

間もなく、各党の有力者や大臣、財界人と言われる人まで口裏を合わせるかのように「復興増税やむなし」の大合唱を開始しました。新聞のヘッドラインだけ並べると次のようになります。

- 国債増発と増税の検討、必要との認識　玄葉国家戦略担当相（朝日新聞、4月15日）
- 復興財源、消費増税が軸　数年間の時限措置　首相が意向（朝日新聞、4月16日）
- 消費税3％上げ案が浮上＝期間限定、復興債償還に――政府（時事通信、4月19日）
- 消費税8％へ引き上げ検討、復興財源に3年限定（読売新聞、4月19日）
- 消費増税、民主党で検討　復興財源で枝野氏（共同通信、4月19日）
- 日商会頭、復興財源に消費税も　12年度以降に充当（共同通信、4月21日）

まるで増税が既定路線であるかのような報道ぶりです。これだけマスコミが増税一色に染まってしまうと、国民の側からも反対の声は上がらなくなります。増税に反対する人はまるで「被災地を見捨てる非国民」であるかのような雰囲気さえありました。戦前の近衛(このえ)内閣末期のごとく、見えない空気に突き動かされ「対米開戦」にまっしぐらであるかのように増税路線が確定してしまうのではないかとさえ思えました。

日本人の優しさに付け込んだ経済犯罪

しかし、本当にやるべきことは復興増税と正反対の政策でした。自民党の衆議院議員でリフレ派の論客としても知られる山本幸三(やまもとこうぞう)氏は震災から１週間も経たないうちに次のような政策を発表しています。

今こそ「20兆円規模の日銀国債引き受けによる救助・復興支援」を！
今こそ、与野党の枠を超えて最善・最速の救助・復興支援策を講ずることが選良(せんりょう)たる我々の責務であると考える。

その策は、迅速に出来、規模も十分に確保出来、経済状況から見ても最も有効なものでなければならない。私は、それは「20兆円規模の日銀国債引き受けによる救助・復興支援」であると考える。

（出典：「山本幸三ホームページ」２０１１年3月17日http://www.yamamotokozo.com/news/20110317.htm）

これこそが本来政府がやるべき震災復興でした。復興されたインフラは将来にわたって多くの人が使います。その財源は将来使う人も応分に負担すべきです。そのためには国債を財源とし、それを将来にわたって借り換えていく必要があります。ところが、財務省は単に債務残高が増えるのが嫌だという理由だけで、この案を歯牙（しが）にもかけませんでした。

もちろん、リフレ派の経済学者やエコノミストたちもこれは問題だと考え、政府や政治家に訴えました。私が事務局長を務めていた「デフレ脱却国民会議」もそのことを主張し、微力ながらこの論戦に参戦したことは言うまでもありません。次の記事をお読みください。

中間派にも不満拡大＝小沢系、「反菅」で連携狙う――民主

27日夕、衆院議員会館で民主党衆院当選1回の議員による「『増税なき復興』を求める緊急会合」が開かれた。（中略）

一方、この日は、超党派有志議員による「デフレ脱却国民会議」のメンバーが記者会見し、民主党からは小沢鋭仁（おざわさきひと）前環境相、松原仁（まつばらじん）衆院議員が出席。前環境相は「震災を口実にした増税に反対だ」と強調した。

（出典：時事ドットコム２０１１年4月27日）

しかし、私たちを含めて多くの人々が反対したにも拘（かか）わらず、復興増税はあっという間に国会を通ってしまったのです。これは日本人の優しさに付け込んだ経済犯罪でした。復興財源として増税が適切でない理由は簡単です。増税では財源の手当てが遅すぎるし、ショボ過ぎるし、世代間の応分な負担が図れないからです。仮に復興財源が10兆円必要な場合、国債を発行すれば即座に財源は調達できます。ところが、増税では10兆円集まるまでに最低でも1年かそれ以上の期間が必要です。また、税率を上

げても税収がその金額に達するかどうか確約することもできません。１９９８年に消費税増税の影響で税収全体が落ち込んだ過去もあります。山本幸三氏の言う通り、国債を発行し一部は日銀に買ってもらえばよかったのです。ところが、菅首相は頭が悪すぎて財務省の言いなりでした。

増税ロボット内閣による最悪の決断

しかし、悪事もまた長くは続きません。震災対応で醜態(しゅうたい)を晒(さら)した菅首相の支持率は急落しました。２０１１年７月には危険水準の20％を大きく割り込む16％となりました（ＮＨＫ世論調査https://www.nhk.or.jp/bunken/yoron/political/2011.html）。民主党内からたび重なる菅おろしの動きが出ます。そして、７月に内閣支持率が20％を割って万事休す（前掲ＮＨＫ世論調査）。赤字国債の発行を認める特例公債法案や、電力会社が再生可能エネルギーで作られた電気を、国が定めた単価で一定期間買い取ることを義務付けた再生エネルギー特別措置法案と引き換えに、民主党は菅直人首相の首を差し出しました。

憲政の常道に従うなら、ここで民主党は解散総選挙をすべきでしたが、もちろん彼らはそんな日本の伝統に従うわけがありません。政権はたらいまわしにされ、野田佳彦氏を首班とする野田内閣が成立しました。

この人事にも大きな問題がありました。野田佳彦氏は２年前に藤井裕久氏が財務大臣だった頃、財務副大臣を務めたことがあり、後に藤井氏の後継者として財務大臣に就任しています。この時に財務省に完全に洗脳されていたのです。まさに増税ロボット内閣！　そしてこの野田内閣こそが後々禍根（かこん）を残す最悪の決断をしてしまいました。かの「社会保障と税の一体改革」、いわゆる三党合意です。

民主、自民、公明３党は15日夜（筆者注・２０１２年６月）、社会保障と税の一体改革関連法案をめぐる修正で合意した。自公両党は同法案に賛成する方向で、現行５％の消費税率を２０１４年４月に８％、15年10月に10％に引き上げる法案は成立に向けて大きく前進する。野田佳彦首相は20日にも自公両党との党首会談を検討。今国会の会期末の21日までに衆院で採決したい考え。政府・与党は参院審議をにらみ８月までを軸に会期を延長する方針を固めた。

（出典：「一体改革、３党合意　消費税率上げへ前進」日経新聞２０１２年６月15日

https://www.nikkei.com/article/DGXNASFS1504S_V10C12A6MM8000/)

思えば、私が衆議院社会保障・税特別委員会に公述人として召喚されたのは、三党合意の2日前、2012年6月13日でした。当時の様子は今でもネット上の動画でご覧いただけると思います。私は従来からの主張である「デフレ下の増税で税収は減る」「名目GDPの上昇なくして財政再建なし」「デフレは日銀が招いた人災」「金利が上がって財政破綻はウソ」といったことを強く訴えました。しかし時すでに遅し。公聴会が開かれるということは増税はもはや既定路線でした。一民間人がこの流れを止めることはできません。

もちろん、震災復興もまだ終わっていないのに消費税を増税するのは正気の沙汰ではありません。当時、デフレ脱却国民会議と連携して動いていたデフレ脱却議員連盟所属の国会議員は当然、増税に反対しました。しかし多勢に無勢。各党の非主流派の寄せ集めではどうすることもできず、与党民主党内でも抵抗も空しく執行部に押し切られてしまいました。もちろん、この時の民主党両院議員総会は大荒れとなり、その後に大きなシコリを残しました。同年7月、小沢一郎氏とその一派が民主党から離党して「国民の生活が第一」という新党を結成したのもそのせいです。

財務省はなぜ増税にこだわるのか

ここで、財務省がなぜここまで増税にこだわるのか改めて考えてみましょう。財務省が消費税増税の必要性として挙げる理由は、少なくとも3回変わっています。

①消費税導入時の平成元年の時点→直間比率（ちょっかんひりつ）の見直し
②橋本内閣の消費税増税から野田内閣以前まで→財政危機、財政再建
③野田内閣以降→社会保障の安定財源

昭和の頃、日本の所得税の最高税率は住民税も含めて88％でした。これではいくら稼いでも税金で持っていかれてしまい、さすがに勤労意欲を削（そ）いでしまうということで、直接税と間接税の比率が見直されることになりました。そのため、消費税が導入された平成元年には、並行して所得税の大幅な減税も行われました。現在、所得税の最高税率は住民税も含めて55％となっています。2019（平成32）年、税収全体に

占める消費税の割合は33・4％（「所得・消費・資産等の税収構成比の推移」財務省https://www.mof.go.jp/tax_policy/summary/condition/a03.htm）に達し、フィンランドやアイルランドなど比較的間接税の割合の高い国と同等になりました。その意味では直間比率の見直しはすでに終了したと結論づけていいでしょう。

次に、バブル崩壊以降に喧伝された財政危機説ですが、残念ながらこの説には根拠がありません。そもそも、政府債務は完済する必要がなく、債務総額よりも債務の維持可能性が重要だからです。政府は永遠に生きると仮定されており、ある条件さえ満たせば永遠に借り換え続けることも可能です。その条件とは、維持可能性を表す指標として知られる「公債のドーマー条件」です。これは、次の不等式によって簡単に表すことができます。

名目ＧＤＰ成長率>名目公債利子率　債務は収束し、維持可能……①
名目ＧＤＰ成長率<名目公債利子率　債務は発散し、維持不可能……②

名目公債利子率より名目ＧＤＰ成長率のほうが高ければ、借金の増えるスピードより収入の増えるスピードが速くなるため、この債務はいつか完済できます。無限の寿命を持つ政府のことですから、それが一億年後なのか、一兆年後なのかはわかりません。しかし、この条件さえ満たせば少なくとも債務残高は「発散」することなく、「収束」することは確かです。そして、これこそが債務の維持可能性の証明なのです。

消費税の社会保障目的税化という世界の非常識

また特別会計まで含めた政府のバランスシートからも、日本が財政危機ではないことが導き出せます。2018年3月末日現在の「国のバランスシート」によれば、政府の資産総額約1000兆円に対して、負債総額は約1500兆円になっています。一見500兆円の債務超過に見えますが、資産にはある重要な勘定科目(かんじょう)が含まれていません。それは日銀が持つ国債です。

政府が日銀に売却した国債は、誤解を恐れずに言えば返さなくていい借金です。なぜなら金利は国庫納付金として政府に還流し、元本も同額の国債を渡すことで事実上永久に借り換えることが可能だからです。2018年3月末日現在、日銀は448兆円の国債を保有しています。この分を資産に加えると、政府の債務超過は52兆円に激減します。

政府はこの他にも、徴税権や通貨発行権を持っていますが、その資産価値は数千兆円に上る巨額なものです。もろもろ足し込むと52兆円の債務超過など吹き飛んでしまいます。つまり、日本政府は巨額の負債を抱えていますが、それに比肩しうる巨額の資産を抱えているため、相殺すると純債務はゼロということになります。実際に2018年の国際通貨基金（IMF）財政モニターにおいて、日本の純債務はゼロだと認定されています。

このことを繰り返し突かれて返答に窮した財務省は再び論点を変え、今度は社会保障の充実のために財源が必要だと言い始めたのです。これこそがあの三党合意で決まった社会保障と税の一体改革でした。

しかし、このロジックにもかなり無理があります。そもそも消費税の社会保障目的税化というのは、先進国で実例がありません。なぜなら、どの先進国においても社会保障財源は基本的に保険料だからです。もちろん、中には貧しくて保険料が払えない人がいます。払えない人の分は、累進課税で金持ちから徴収し、補填する。これが世界の常識です。

ところが、日本の財務省は増税をしたいばかりにこの世界の常識を覆(くつがえ)し、間接税である消費税を社会保障財源と結びつけてしまいました。社会保障が保険で賄(まかな)われる限り、それを負担する人と給付を受ける人は同一人物です。デタラメな給付はいずれ自分の首を絞めるため、歳出には抑制が効きます。ところが、消費税を財源とした場合、負担と給付の間のつながりが完全に切れてしまいます。負担する人が必ずしも恩恵を受けるわけでもなく、給付を受ける人も誰が負担しているかわからない。こうなると歳出に抑制が効かず、給付が無限に拡大する可能性があります。むしろ、消費税を社会保障財源とすることで、負担と給付のバランスが崩れ、日本の社会保障システムは崩壊してしまうかもしれません。元財務官僚で嘉悦(かえつ)大学教授の髙橋洋一(たかはしよういち)氏は次のように述べています。

社会保障は、助けあいの精神による所得の再分配なので、国民の理解と納得が重要だ。というわけで、日本を含めて給付と負担の関係が明確な「社会保険方式」で運営されている国が多い（もっとも保険料を払えない低所得者に対しては、税が投入されている。ただし、日本のように社会保険方式といいながら、制度によっては税金が半分近く投入されている国はあまり聞かない）。

このように税の投入が多いと、給付と負担が不明確になって、社会保障費はドンドン膨らむ。その一部は業界の利益になって社会保障の効果が出にくくなる。

一例をあげれば、特別養護老人ホームの内部留保が一施設当たり3億円（収入1年分）にまで膨らみ、業界全体で2兆円と過大になっている。これは税投入が末端に行き届かずに、中間業者の懐を潤し、結果として社会保障費の増大につながっているといえる。

（出典：「年金を「人質」にして増税を呼びかける財務省の作戦にダマされるな！」現代ビジネス2016年6月13日https://gendai.ismedia.jp/articles/-/48895）

直間比率の見直しはとっくに終わったし、財政危機もウソ、社会保障財源というのもデタラメ。つまり、消費税を増税する正当な根拠は存在していないのです。ではなぜ消費税を増税するのか？　それは財務省の権限が大きくなるからです。軽減税率を適用してもらいたい業界は財務省にすり寄り、天下りを受け入れてくれます。新聞業界はこの罠にまんまと嵌り、牙を抜かれました。財務省は、税金をたくさん集めてたくさん配ることで権力を肥大化させることができます。いろんな理屈をつけて増税し、様々な国民の要望を受けて配る。配る権限を持っている人が自然と一番偉くなる。これこそ財務官僚にとって心地よい世界なのです。国民にとってはとても迷惑な話です。

ところが、そんな極悪な三党合意にも、一つだけいいことがありました。それは社会保障と税の一体改革案を通す代わりに、野田首相は近いうちに衆議院を解散して国民に信を問うと約束したことです。自民党と公明党がこの合意を飲んだ背景は、早期に解散・総選挙をして政権を取り戻すためでした。しかし、そんなに焦らなくても野田内閣の支持率は6月時点で27％であり、早晩、危険水域である20％を切ってくる可能性がありました。なぜ焦って解散の約束をさせる必要があったのでしょう？

自民党の国会議員に聞いたところによれば、国民に評判の良くない増税の責任を民主党に押し付けられてラッキーだと考えていたようです。そもそも増税なんて最初からいらないのに、自民党の国会議員の多くが財務省のデマに踊らされていました。

奇跡が起きた

2012年9月11日、野田首相が尖閣諸島を国有化したことが引き金となり、中国国内で激しい反日デモが起こりました。ちょうどその頃、当時野党第一党だった自民党の総裁選が実施されました。９月14日の告示日に立候補したのは安倍晋三、石破茂、町村信孝、石原伸晃、林芳正の５人でした。従来の派閥推薦型の選挙で考えれば、石原氏が圧倒的に優位で、対抗馬は地方支部で人気のある石破氏でした。

私が注目したのは安倍晋三氏です。第一次安倍政権であれほど金融政策を軽視していたのが一変し、総裁選の公約として金融緩和を最優先していたからです。「これはすごい、安倍さんが当選したら日本経済はレジーム転換するかもしれない」。私は興奮を隠せませんでした。

デフレ脱却国民会議であれほど頑張ったにも拘わらず、民主党はリフレ政策を実現できませんでした。しかし、それでもあきらめず、私はリフレ政策を採用しそうな人を応援しようと思いました。政治評論家の故三宅久之先生が代表をされていた「安倍晋三総理大臣を求める民間人有志」の声明文に名前を連ねたのも、金融緩和への期待からです。

さて、そんなとき奇跡が起こります。地方支部３００票と国会議員１９８票で行われた第１回投票では石破氏１９９票、安倍氏１４１票、石原氏96票という番狂わせが起こりました。有力候補だった石原氏は「サティアン発言」（生出演のテレビ番組の中で福島第一原発を「福島第一サティアン」と述べた）、谷垣氏に対する無礼な行為（当時党幹事長だった石原氏は「総裁を支えるためにやってきたわけではない」と述べ、現職の谷垣総裁を押し退けて総裁選出馬を強行し、谷垣氏は「執行部の中から２人出るのは良くないだろう」と出馬を断念した）、総裁候補討論会で何を言っているのかわからない意味不明の発言を繰り返すなど、たび重なるオウンゴールで自滅。石原氏は決選投票に進めず、石破氏と安倍氏の一騎打ちとなったのです。

国会議員１９８票で行われた第２回投票において、石原氏を支持していた森喜朗氏、青木幹雄氏、古賀誠氏ら有力者は揃って安倍支持に回りました。石破氏にはかつて小沢一郎氏と一緒に自民党を裏切った黒歴史がありました。自民党の長老たちはそのことを忘れていなかったのです。

ほぼ全財産を株と為替に投入

ＮＨＫの世論調査（https://www.nhk.or.jp/bunken/yoron/political/2012.html）によれば２０１２年９月の野田内閣の支持率は31％でしたが、増税を決めた内閣の支持率が上がるわけもなく、10月には26％、11月には23％と危険水域に近づいていきました。政党支持率では4月に自民党が民主党を逆転しており、その差は開く一方。11月の時点では民主党12・7％に対して、自民党25・0％とほぼダブルスコアになっていました。

もし解散総選挙となれば自民党総裁の安倍晋三氏が総理大臣となる可能性が高く、その時は待ちに待った金融緩和が実現する。ところが、9月に三党合意で増税を呑んだのに、野田首相は衆議院の解散を先送りしていました。当然、自民党と公明党が「嘘つき」だとたびたび批判し約束の履行（りこう）を求めます。当初、野田首相はこれを聞き流していたのですが、実は嘘つきと呼ばれて心がとても傷ついていたようです。そのストレスが溜まりに溜まって、ついに事件は起こりました。２０１２年11月14日、野田首相が党首討論の最中に逆ギレしたのです。

２０１２年11月14日。国会内で開いた党首討論は異様な雰囲気に包まれた。野田佳彦首相が自民党の安倍晋三総裁に迫った。「来年の通常国会で定数削減をやる。決断してもらえるなら16日に（衆院を）解散してもいい」。戸惑いを隠せない安倍氏は何度も確認した。「16日解散は約束ですね、よろしいんですね」

（出典：「野田首相が衆院解散表明　党首討論で自民総裁に」日経新聞２０１８年11月13日 https://www.nikkei.com/article/DGKKZO37684940T11C18A1EAC000/）

安倍氏が戸惑った理由は、どう考えても自殺行為の解散をこのタイミングで打ってくることに驚いたからでしょう。内閣支持率はギリギリ20％、政党支持率はダブルスコアで自民党に負けている民主党が政権を失う確率は99％でした。まさに自殺行為。頭がおかしいとしか思えない決断でした。

そしてこの時、私は確信しました。10年に一度、いや一生に一度の相場がやってくると。

１９８９年の日銀による公定歩合（こうていぶあい）引き上げから23年。政府と日銀はチグハグな対応を繰り返し、少し景気が良くなるとすぐに引き締める愚策を繰り返してきました。特に金融政策については２００６年の量的緩和解除以降ずっと、引き締め気味に運営されており、これが転換されたら株価は間違いなく上がるし、円高も終わるだろうことは誰でも予想できました。問題はそう予想したとして、行動が伴うかです。私は経済評論家を自称するからには、自らの理論に従って財を投じるべきだと思いました。もしそうしないなら私は嘘つきです。私も野田首相と同じく嘘つきにはなりたくありませんでした。

これまで唱えてきた理論が正しいなら、必ず株は上がるし円安にもなる。ならば、手持ちの資産をすべて株や外貨に換えてリターンを取りに行かなければバカです。そこで、私は生活費を除くほぼ全財産を株と為替に投入しました。

株と言っても私が買う銘柄は指数連動ＥＴＦやノーロードのインデックスファンドだけです。個別銘柄は買いません。為替の方は外貨証拠金取引（ＦＸ）でレバレッジを25倍にして投資しました。ただ、一度に全額買うのは怖かったので、解散が決まってから選挙の投票日まで1週間ごとに少しずつ買い上がっていきました。

ＦＸはレバレッジをかけ過ぎたのが怖くて、儲けが出るとすぐに売ってしまったのですが、株は２０１８年の８月ごろまで持ち続けました。解散総選挙が決まった12年11月14日の日経平均株価は８６６４円、18年8月の日経平均株価の終値（おわりね）は2万２８６５円です。たぶん私にとって一生に一度の相場だったと思います。

解散総選挙が決まった11月14日から選挙の投票日が近付くにつれ、円安株高は進みました。民主党政権が終わることが確実になればなるほど円安と株高が進む。つまり、民主党政権こそが経済停滞の原因だったということです。

いや、もっと正確に言えば小泉内閣後期の政策が終わって以降、ずっと経済を停滞させるような愚かな政策が続いていたのです。思えば第一次安倍内閣がその始まりだったわけですが、安倍晋三氏はそのツケを自ら返そうとしていたのでした。

12月16日の投開票で民主党は１７３議席減という歴史的惨敗を喫します。民主党の議席数はたったの57議席になりました。これに対して自民党、公明党は合計で３２５議席を得て、絶対安定多数を確保しました。

２０１２年12月に誕生した安倍内閣はアベノミクス三本の矢を経済政策としました。第一の矢が金融緩和、第二の矢が大胆な財政出動、第三の矢が成長戦略です。変動相場制の国において最も重要なのは第一の矢、つまり金融政策です。そのため頑迷な金融政策無効論者であった日銀の白川方明総裁は絶対に交代させねばならない「障害物」でした。

運命の日、２０１３年４月４日

安倍首相就任後、政府と日銀の間の金融政策に対する見解の相違は埋めがたく、特に物価目標の導入を巡って安倍首相と白川総裁は対立するようになります。ところが、普段から日銀の提灯持ちをしているマスコミは白川擁護の論陣を張りました。典型的なのが以下の記事です。

自民党の安倍晋三総裁の発言が市場に波紋を広げている。日銀の白川方明総裁から20日朝に電話があったことを明らかにしたためだ。日銀が会合結果を公表したのは午後1時ごろ。安倍氏が日銀に対する緩和圧力を強めていた矢先だけに、日銀の政策委員会が議論する前に結果が決まっていたと受け止められる可能性があり、中央銀行の「独立性」に大きなキズがつきかねない。

（出典：「安倍氏『日銀総裁から電話』口の軽さにため息も」日経新聞２０１２年12月20日https://www.nikkei.com/article/DGXNASFL200KA_Q2A221C1000000/）

日経新聞は選挙で選ばれたわけでもない日銀総裁が総理大臣よりも偉いと思っていたようです。新聞記者には中学校３年生の公民レベルの教養もないのでしょうか？日銀の独立性とはあくまでも手段の独立性であり、政府から何ら干渉を受けないとい

第2次安倍内閣が発足　（提供:共同通信社）

う意味ではありません。目標は国民に選ばれた政府が設定し、その目標を達成するためにあらゆる手段を使ってよい。ただそれだけのことです。日銀総裁から電話があったことを首相が漏らして一体その手段の何が制約されるのでしょうか？

　この記事を書いた記者の見識を疑います。

　政権からの強いプレッシャーを感じたのか、それとも国民の怒りを買っていることに気付いたのか、２０１３年２月５日に白川氏は突如辞任を表明します。４月の任期満了を待たずに3月19日で辞めるというニュースが流れました。すると、翌日の東京市場では円安が進み、日経平均株価はリーマンショック後の最高値を更新しました。これほどまでに市場に嫌われた日銀総裁は歴史上存在しなかったでしょう。

後任の総裁には財務省出身の黒田東彦氏が就任しました。財務省の中では最もリフレ政策に理解があると言われていた人物です。そして、副総裁にはリフレ派のリーダー的存在であり、ずっと日銀を批判し続けていた学習院大学教授の岩田規久男氏が就任しました。

そして、運命の日、２０１３年４月４日を迎えます。この日、日銀は政策決定会合において次の４点を決定しました。

①マネタリーベースが、年間約60～70兆円に相当するペースで増加するよう金融市場調節を行う

②長期国債の買入れ対象を40年債を含む全ゾーンの国債としたうえで、買入れの平均残存期間を、現状の３年弱から国債発行残高の平均並みの７年程度に延長する

③ＥＴＦおよびＪ－ＲＥＩＴの保有残高が、それぞれ年間約１兆円、年間約３００億円に相当するペースで増加するよう買入れを行う

図28　日経平均株価

出典:筆者作成

④「量的・質的金融緩和」は、2%の「物価安定の目標」の実現を目指し、これを安定的に持続するために必要な時点まで継続する

これこそ、我々リフレ派が政府に働きかけ続けた政策そのものでした。私がリフレ経済学に目覚めたのは2003年。足掛け10年にわたる戦いの一つの節目となったのは言うまでもありません。日銀のこの決定を受け、円安株高はさらに進みます。上のグラフは2012（平成24）年11月から19（令和1）年5月月初までの日経平均株価の推移です。多少の上下動はありました

が右肩上がり。株価については合格点と言えるでしょう（図28）。

　また、為替は２０１３年後半に１ドル１００円を巡る攻防がありました。しかし、年末にそのレンジを抜けると一気に円安が進みました。14年以降平成の終わりまで、１ドル１００円を切るような円高は16年8月に例外的に一度あっただけです。１９９０年代以降、日本経済を苦しめた円高シンドロームはついに終わったのです。これで日本経済は完全復活となるのか？　そう思った矢先のことでした。

　あの三党合意の呪縛（じゅばく）が日本を苦しめます。２０１３年7月の参院選挙は自民党、公明党の圧勝に終わりましたが、翌年4月の消費税増税は撤回されませんでした。政権の座についてまだ間もない安倍首相にそれをひっくり返すための政治的リソースはなかったのです。日本経済がせっかく長いトンネルを抜けたのに、また増税？　またもやブレーキを踏んですべてを台無しにするつもりか？　多くの人がそう懸念しました。

終章　平成の終焉

消費税が5%から8%に

２０１３年５月２日、私は参議院予算委員会の公聴会に公述人として召喚されました。再び増税反対を国会で訴えるチャンスが巡ってきたのです。

私は前回同様、日本は財政危機ではないし、増税することでかえって税収が減るリスクがあるといったことを力説しました。しかし、今回も時すでに遅し。分かっていたことですが、公聴会は法案を通すためのセレモニーに過ぎませんでした。

当時、多くの民間シンクタンクは増税によって実質ＧＤＰ成長率が１～２％押し下げられるというレポートを発表していました。ところが、財務省は振り付け済みの増税推進派を集めて、集中点検会合なるものを開催し、あたかも有識者の大多数が増税を必要と考えているかのような演出をしました。その時の提灯記事は次のようなものです。国民の７割が賛成しているかのようなヘッドラインがミスリードそのものとなっています。

消費税「予定通り増税」７割　景気対策 要望相次ぐ 聞き取り終了

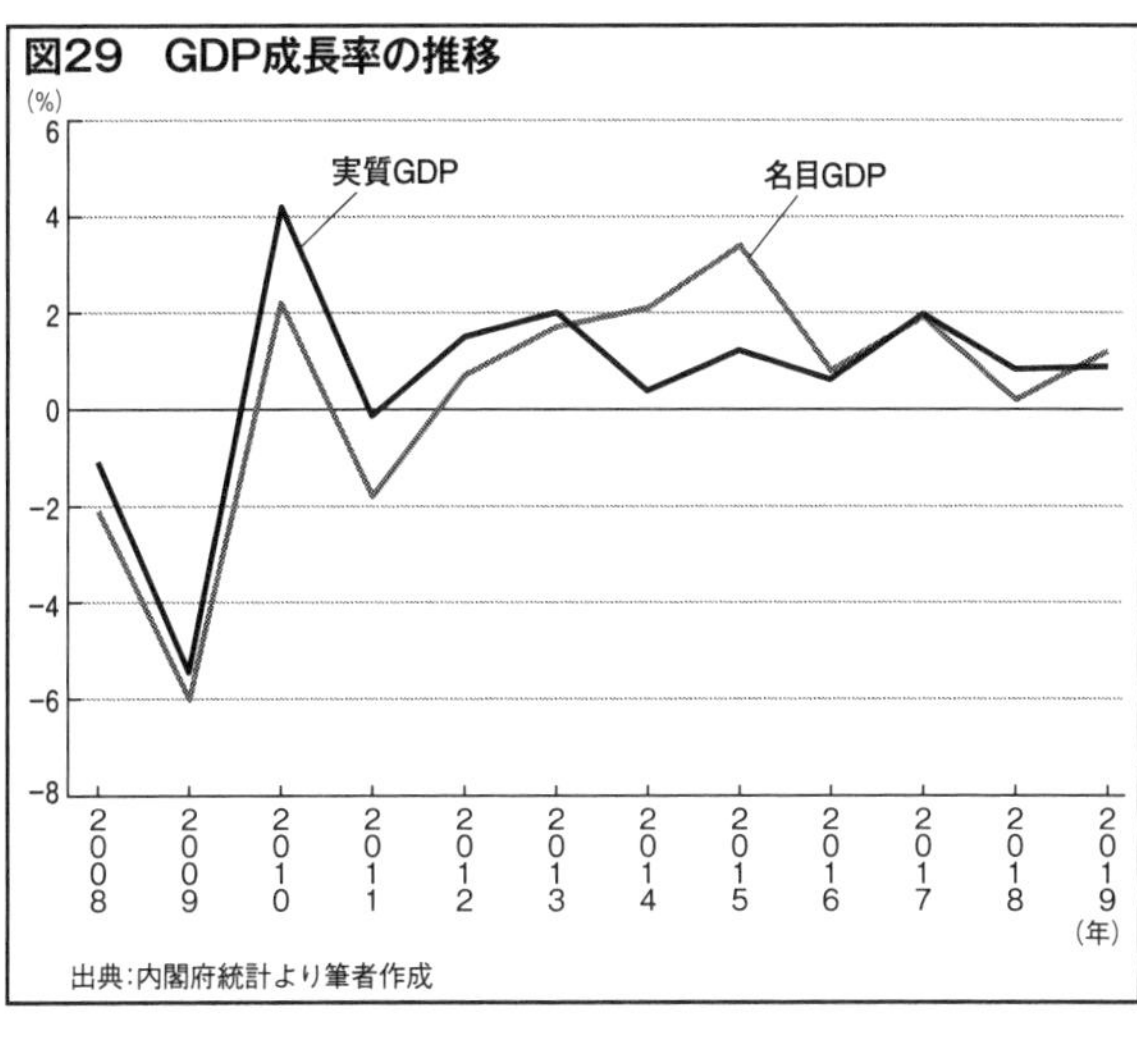

消費増税の影響を検証する政府の集中点検会合が31日終了した。有識者60人のうち、7割超の44人が予定通り消費税率を2014年4月に8％に引き上げることに賛成だった。一方で景気への悪影響を緩和するため、税率の上げ幅を変えるべきだとの意見も出た。安倍晋三首相は今後発表される最新の経済指標も踏まえ、10月上旬までに消費税率の引き上げを最終判断する。

（中略）

ただ、消費増税による景気への悪影響を抑えるため、「補正予算などの対策を打ち、ショックを和らげることが大事だ」（JPモルガン証券の菅野雅明チーフエコノミスト）と手厚い対策を求める声も相次いだ。
（出典：日経新聞2013年9月1日http://www.nikkei.com/article/DGXDASFS3101V_R30C13A8MM8000/）

反対派の抵抗も空しく、2014年4月に消費税は5％から8％に増税されました。これで経済成長率は大幅に減速し、13年に2％だった実質GDP成長率は、14年には0・4％まで落ち込みました。前頁のグラフをご覧ください（図29）。増税後、落ち込んだ経済成長は2017年になってやっと増税前の水準を取り戻しました。この増税さえやらなければ、もっと早く、もっと大きく日本経済は復活していたことでしょう。

大幅に改善した雇用状況

とはいえ、アベノミクスの第一の矢のおかげで大きな改善も見られます。それは名目GDPと実質GDPの名実逆転の解消です。2014年以降、名目GDPが実質GDPを上回ることが多くなり、デフレの象徴とも言える名実逆転が解消されてきたことがわかります。

さらに消費者物価指数で見ると、アベノミクスが始まってから消費者物価指数（コアコアＣＰＩ）がゼロ以下になることはめったに起こらなくなりました。２０１３（平成25）年８月にコアコアＣＰＩはマイナスを脱して０％となり、それ以降マイナスに戻ったのは17（平成29）年３月の１回だけです。年率換算で見ても、14年以降、平成が終わるまでずっとコアコアＣＰＩはプラス圏を保っています。

そして、アベノミクス最大の成果は雇用環境の大幅な改善です。端的に言えば、アベノミクスによって平成の終わりまでに新たに仕事を得た人は４３９万人も増加し、完全失業率はほぼ半減しました（次頁の図30）。

これに対して民主党政権時代は就業者数が横ばいで増えていないにも拘わらず、なぜか完全失業率だけが右肩下がりになっています。その理由は、働くことを諦めて失業統計から除外された人が多かったからです。

完全失業率とは働きたい人（労働力人口）のうち、仕事がない人の割合を示したものであり、働くことを止めてしまった人（非労働力人口）と認定されると統計から除外されるルールになっています。非労働力人口とは、15歳以上の人口のうち「就業

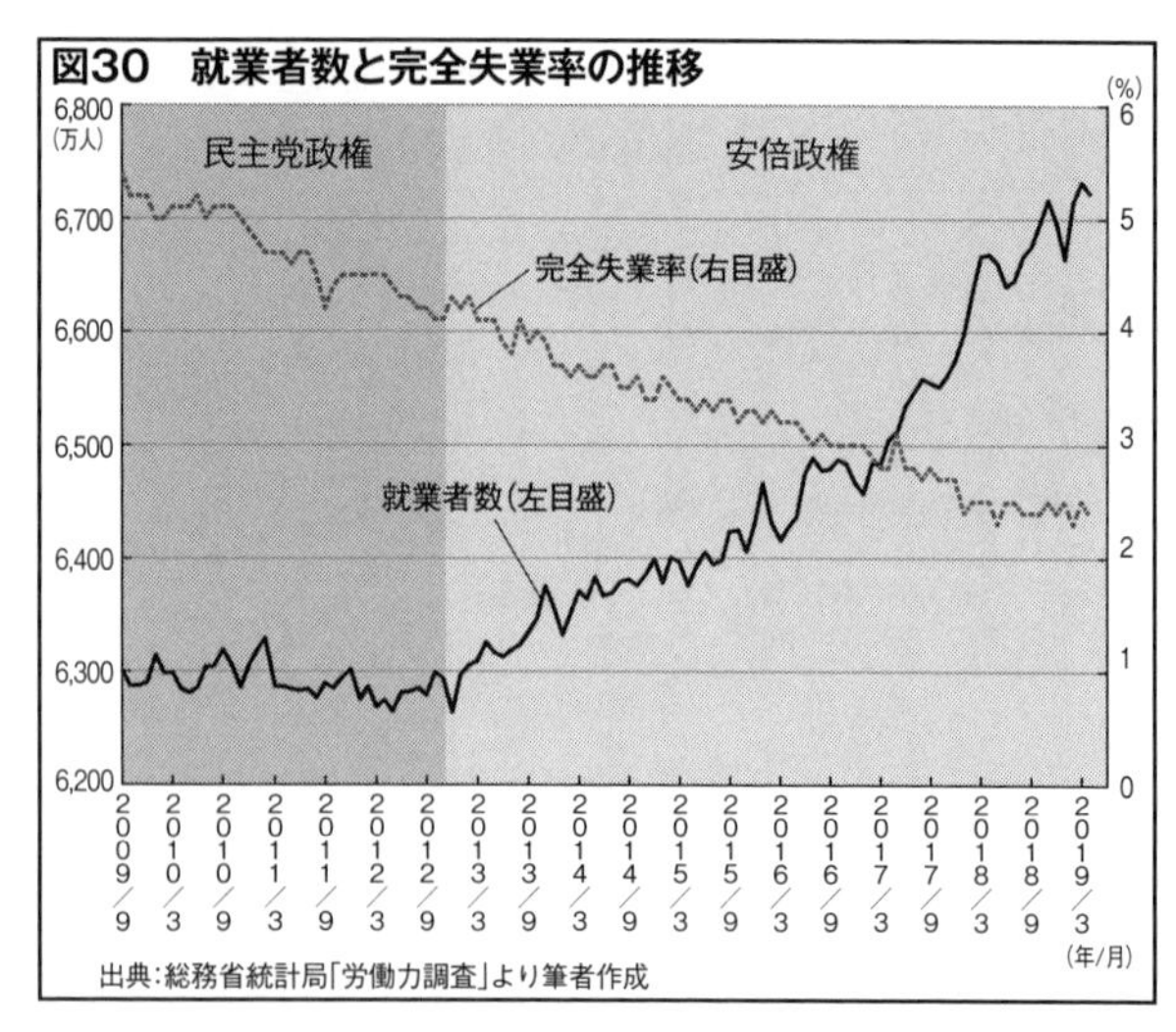

図30　就業者数と完全失業率の推移

出典：総務省統計局「労働力調査」より筆者作成

者」と「完全失業者」以外の人を指し、「通学」「家事」「その他（高齢者など）」が含まれると定義されています。「その他」の中に就職を諦めてしまった無業者が含まれているのです。

次頁のグラフは労働力調査のデータを元に、非労働力人口の推移を表したグラフです。高齢化が進めば当然、仕事を引退する人が増えるはずですが、安倍内閣になってからむしろそれは大きく減少しているのがわかります（図31）。

逆に民主党政権の時はこれが右肩上がりでした。３年半の民主党政権で非労働力人口は約１００万人も増加しま

出典：総務省統計局「労働力調査」より筆者作成

した。この中に働くことを諦めてしまった人が数多く含まれていたのです。「完全失業率は民主党時代から減っていた！」などと強弁している人は、数字の中身をよく見ずに、安倍憎しで適当な数字を引っ張ってきているだけです。

アベノミクスが始まって、働くことを諦めていた人が労働市場に戻り、多くの人が職を得ました。少なくとも無職でいるより、定職に就いた方が人生の希望が湧いてくると思いませんか？439万人の人が新たな職に就けたことはバブル崩壊以来、稀に見る経済政策の成功であったと断言できます。

しかし、この点についても小泉内閣の時と同じように「増えたのは非正規雇用ばかりで人々は貧しくなっている、その証拠に実質賃金が増えていない」という根拠のない批判があります。第5章で説明した通り、高齢者層の人口に占める割合が増えてくると非正規雇用は増加します。定年退職して嘱託（しょくたく）やパートなどに職種を変える人が増えるからです。

「地方に恩恵がない」の嘘

データで検証しましょう。次頁のグラフは国立社会保障・人口問題研究所がまとめた２０１８年までの人口の実数とそれ以降の推計です。小泉内閣の頃の05年に比べて、65歳以上の高齢層が人口に占める割合は約10％も増えています（図32）。

２３６頁のグラフは正規雇用と非正規雇用の実数の推移を比較したものです（図33）。一見してわかる通り、非正規雇用は民主党政権から一貫して右肩上がりになっています。これに対して、正規雇用は民主党政権下では減少傾向、アベノミクスが始まってからは右肩上がりになっていることがわかります。

非正規社員が増えているのは確かですが、それは安倍政権だけの問題ではなく、高

図32　高齢者人口および割合の推移（1950～2040年）

注１）2017年及び2018年は9月15日現在、その他の年は10月1日現在、2020年以降は予測値
２）国勢調査による人口及び割合は、年齢不詳をあん分した結果
３）1970年までは沖縄県を含まない
出典：総務省統計局「統計トピックスNo.113」
https://www.stat.go.jp/data/topics/topi1131.html

齢化という日本全体の問題です。これに対して、正規社員が200万人以上増えていることは間違いなくアベノミクスの成果です。非正規雇用が増えたことだけを針小棒大に捉えてアベノミクスを批判することがどれだけ的外れか、このグラフを見れば一目瞭然です。

また、もう一つの批判に「地方には恩恵がない」というものがあります。しかし、これもデータに基づかない誤った批判です。地域別の雇用情勢を見る限り、アベノミクス以降すべての地域で改善が見られます。2019年の労働力調査に掲載されていたグラフ

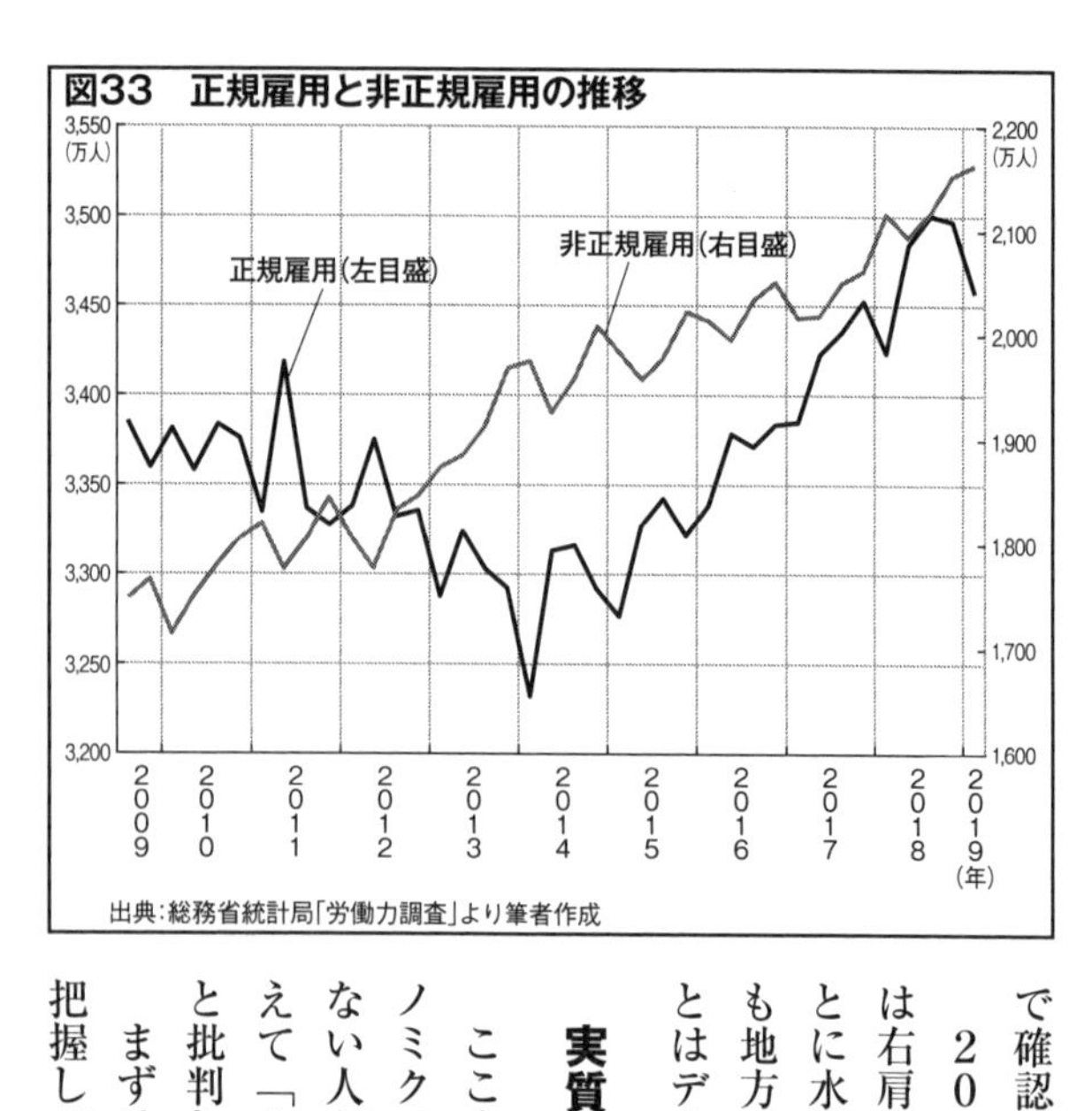

図33　正規雇用と非正規雇用の推移

出典：総務省統計局「労働力調査」より筆者作成

で確認してみましょう（次頁の図34）。

２０１２年以降、どの地域も就業率は右肩上がりです。もちろん、地方ごとに水準の差はありますが、少なくとも地方の雇用にも良い影響があったことはデータからも確認できます。

実質賃金を巡る論争に終止符

ここまで事実を突きつけても、アベノミクスの成果をどうしても認めたくない人がいます。そして彼らは口を揃えて「実質賃金が上がっていない！」と批判します。

まずは「実質賃金」の定義を正確に把握しておきましょう。実質賃金とは、

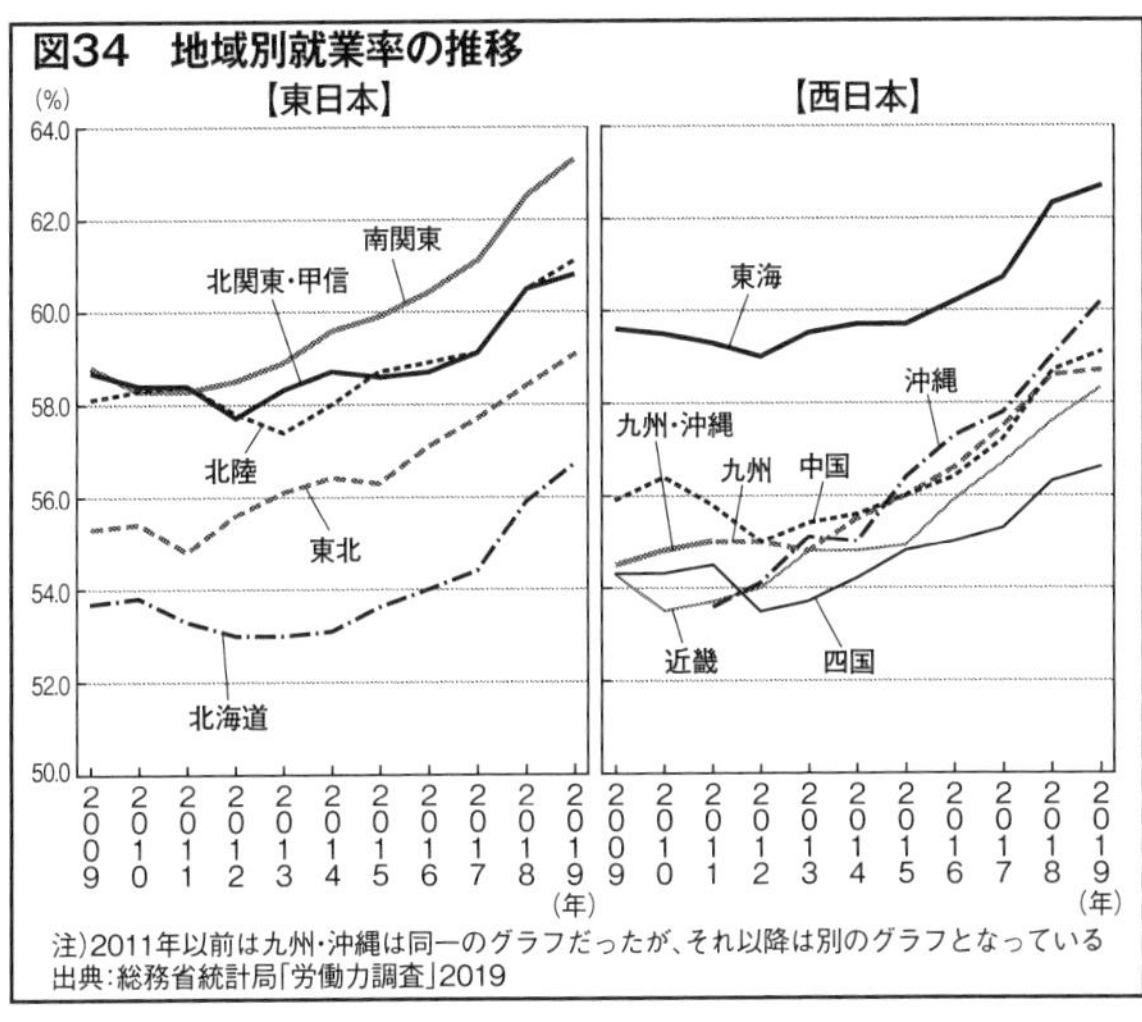

図34　地域別就業率の推移

注）2011年以前は九州・沖縄は同一のグラフだったが、それ以降は別のグラフとなっている
出典：総務省統計局「労働力調査」2019

給与明細に記載されている額面の賃金を平均して、物価上昇率で割り戻した数値です。式に表すと次のようになります。

実質賃金＝名目賃金÷物価上昇率

例えば、毎月30万円もらっている人の給料が1％増えて、月給30万3000円もらったとしましょう。普通は「給料が上がって嬉しいな」で終わりですが、実質賃金で考えるとこの数値を物価で割り戻す必要があります。仮に、この間、物価が2％上昇していたら、給与は実質的に目減りしたことになるわけです。

しかし、普段からこんな計算をして給料が上がったとか、下がったとか言っている人を見たことがありません。さらに言えば、厳密にはこの計算は間違いです。なぜなら、実質賃金を計算する際の分子は雇用者全体の平均の名目賃金でなければならないからです。もうこの時点で、実質賃金は手取りの賃金とは全く別物の、極めてテクニカルな数値であることがご理解いただけると思います。

さらに実質賃金のトリックを暴きましょう。雇用者全体の平均の名目賃金は、新規雇用が急増すると下がります。なぜなら、新たに雇い入れられる人の賃金はそれまで働いていた人よりも安いことが多いからです。仮に、既存の労働者の賃金が大幅に上がった場合でも、それを上回る大量新規採用があれば平均賃金は下がります。物価は大して変動しないので、結果として実質賃金も下がってしまうわけです。これをニューカマー効果と言います。この時、全員の給料が増えているにも拘わらず、平均賃金が下がるという現象が起こります。この点について、A、B、Cという三人の労働者を使って簡単に説明します。

1年前
A　月給30万円
B　月給30万円
C　失業中
↓この場合、Cは賃金統計から除外されるため平均賃金は30万円となる

今年
A　月給31万円
B　月給31万円
C　月給16万円
↓全員給料が上がっているにも拘わらず、平均賃金は（31＋31＋16）÷3＝26万円
となる

平均賃金は大幅に下がりました。しかし、これは日本経済にとって悪いことでしょうか？　新規に採用された人はそれまで働いていなかった人であり、賃金ゼロだっ

た失業者時代に比べて収入は大幅なプラスになります。一体何が問題なのでしょうか？

逆に、この例でCをリストラすれば平均賃金はたちどころに上がります。実社会でも、平均以下の給料しかもらっていない人を全員リストラすれば同じことです。平均賃金が上がれば実質賃金は上がりますが、果たしてそれに意味はあるでしょうか？

大量の失業者を出したら元も子もありません。

「実質」＝「手取り」の賃金ではない

ここまで書けばさすがにご理解いただけるでしょう。実質賃金などという数値を経済政策の目標にしてはいけないのです。アベノミクスを批判している左派勢力は本来弱者の見方であるはずなのに、なぜこんな弱者に厳しい数値を出すのでしょうか？

彼らの矛盾した態度は理解不能です。

団塊（だんかい）の世代は民主党政権が終わった２０１２年から一斉に退職し始めました。比較的賃金の高いシニア世代が大量に引退した後、アベノミクスによって新規採用が大量に増えました。まさにニューカマー効果ですべて説明可能な事象です。「実質賃金

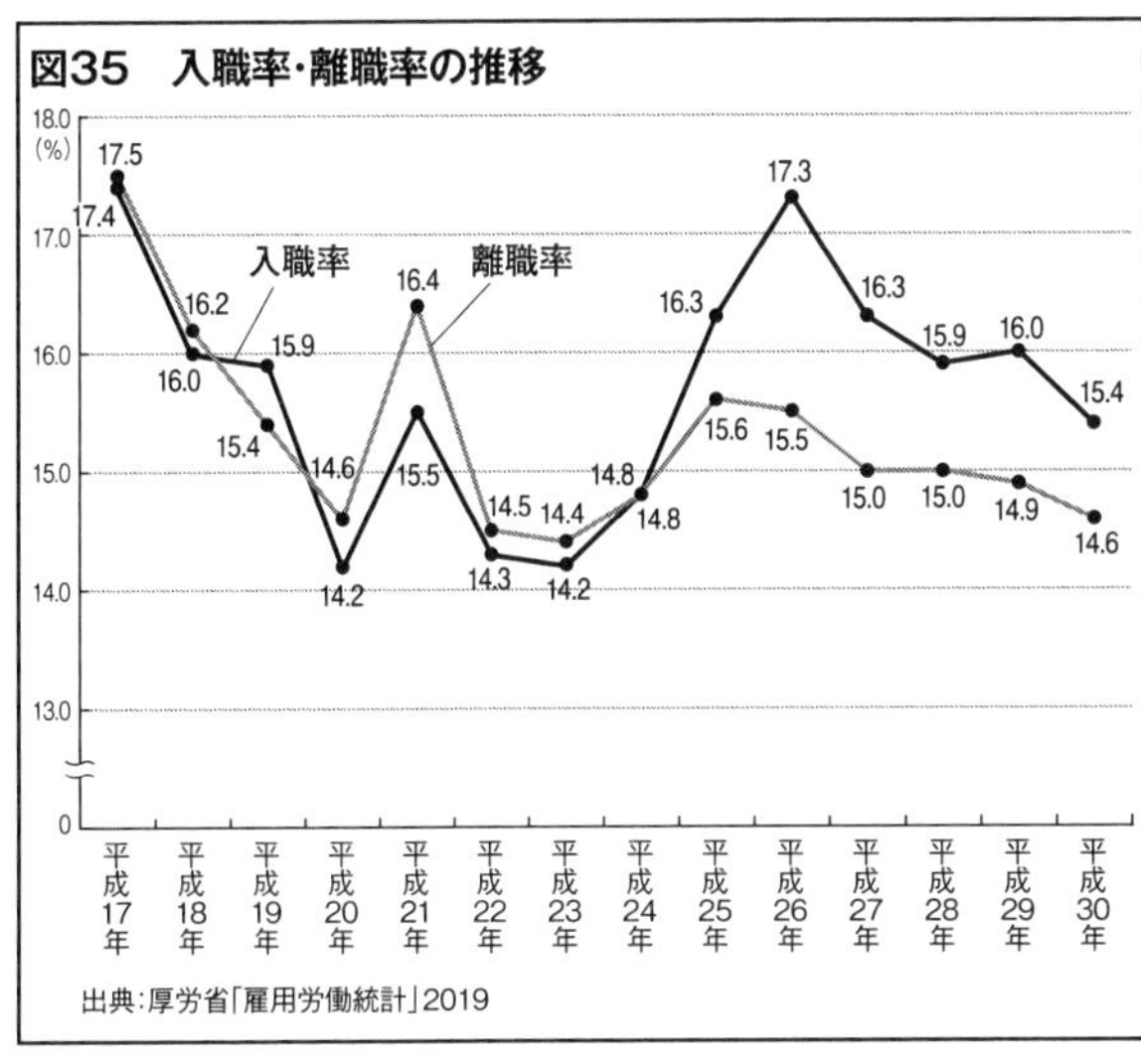

図35　入職率・離職率の推移

出典：厚労省「雇用労働統計」2019

が－！」という人々は、「実質」という音の響きがまるで手取りの賃金であるかのように錯覚させてカモを釣っているだけです。

なお、ニューカマー効果について、統計的な裏づけを示しておきます。厚生労働省が年に2回実施している雇用動向調査によれば、新規採用と転職を含む入職率は2013（平成25）年以降一貫して離職率を上回っています。民主党政権時代はそれがほぼ同数か、やや退職者の方が上回っていたのに比べると大きな差です。上のグラフで確認してみてください（図35）。

この点については前述の労働力統計でみた就業者数の増加でも裏付けることができます。つまり、これだけ新規の採用が増えれば、給料の安い新人が増加した分だけ平均賃金は多少マイナスになって当然です。実質賃金などという「虫眼鏡」で経済政策の成否を評価することには無理があります。

アベノミクスの成果を認めたくない旧民主党系の野党と、いわゆる左派メディアのデタラメな批判が続く中、安倍首相は三党合意の呪縛（じゅばく）と戦い続けていました。三党合意では、「現行5％の消費税率を２０１４年４月に８％、15年10月に10％に引き上げる」ことが明記されていたからです。

一つの内閣で二度も増税するなど、自民党の歴史上あり得ない話でした。安倍首相は二度目の増税の時期を巡って抵抗を続けます。せっかくの景気回復に水を差すことはわかり切っていたからです。

煮え切らない安倍首相に対して財務省は最強のプレッシャーをかけてきました。財務省出身である黒田総裁は２０１４年10月31日の日銀政策決定会合で、年間の国債買い入れ額を50兆円から80兆円に増やす追加緩和を決めます。日銀が応援しているから増税しても大丈夫だという強いメッセージでした。ところが、安倍首相はこのプレッシャーを跳ね返します。翌月には消費増税関連法の付則に盛り込まれた「景気条項」を使い、再増税を17年4月に先送りしてしまったのです。この時、安倍首相は「再び延期することはない」と明言しました。

　しかし、延期された期限である２０１７年４月が近づいてくると、安倍首相は再び煮え切らない態度を取ります。やはり物価目標を達成する前に増税することは問題だとわかっていたのです。

チャイナショック

　２０１５年６月12日、中国を代表する上海総合株価指数は５１７８・19ポイント（年初来59・７％高、13年末比１４４・２％高）のピークを付けた後、突如として大暴落しました。同年８月28日の終値は２８５０・71ポイントです。６月の最高値から44・９％もの下落でした。これがいわゆる「チャイナショック」です。

　中国の高度経済成長は２００７年頃、とっくに終わっていたのですが、その時積み上げた債務の山が不良債権と化していました。しかし、その金額のあまりの大きさに潰すこともできず、14年には景気刺激のために金融緩和を実施。ところが、この時増

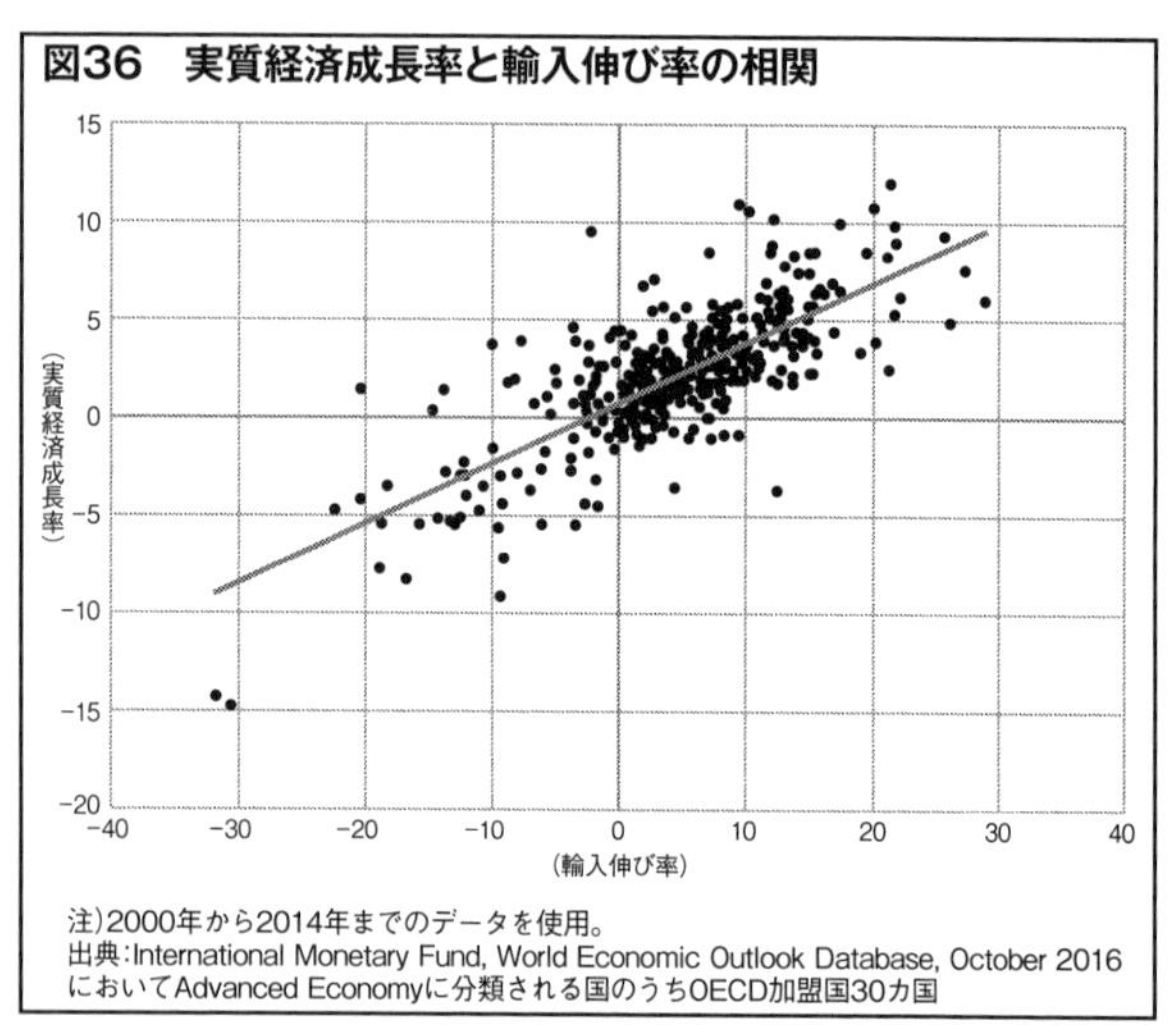

図36　実質経済成長率と輸入伸び率の相関

注）2000年から2014年までのデータを使用。
出典：International Monetary Fund, World Economic Outlook Database, October 2016 においてAdvanced Economyに分類される国のうちOECD加盟国30カ国

やしたお金は不良債権の延命に流れた他は、不動産と株に向かってしまったのです。そのため、14年末から15年6月までに株価は急激に上昇しました。ところが、15年に入って当局が金融引き締めに走ると、バブルは見事に弾（はじ）けてしまったのです。まるで日本のバブル生成と崩壊の再現ドラマを見るかのような出来事でした。

2015年、中国の実質GDP成長率は公式統計で6・9%と発表されました。しかし、実際にはマイナス成長だった可能性が高いです。上のグラフはIMFのデータを用いて、OECD加盟国30カ国の実質経済成長率と輸入

伸び率をプロットしたものです。ご覧の通り右肩上がりの見事な正の相関関係が見て取れます（図36）。

二つの数字の間の相関係数は0・76です。つまり、経済成長している国は輸入が増え、していない国は輸入が減ります。2015年の中国の輸入は14・1％減の1兆6820億ドルでした。これだけ輸入が減った国の経済成長率がプラスであったとは絶対に考えられません。

そして案の定、この2015年を境に、中国経済は目に見えて衰退の度合いを増していきました。日本がかつて陥ったバブル崩壊後の長期停滞の罠に中国も嵌ってしまったのです。

「量的緩和の限界」というデマ

16年5月、G7伊勢志摩サミットが開催されます。ここで安倍首相は先手を打ちました。「世界経済はリーマンショック前の状況と似ている」とし、消費税増税を19年10月に再延期すると発表したのです。この判断は極めて適切だったと言えるでしょう。

なぜなら、前年のチャイナショックの混乱に加え、2016年1月に日銀がマイナス金利政策を導入したことで日本の金融市場が大混乱に陥っていたからです。マイナス金利政策とは、金融機関が保有する日本銀行当座預金に金利を払うのではなく、金利を徴収する政策です。具体的には、日本銀行当座預金を3段階の階層構造に分割し、それぞれの階層に応じてプラス金利、ゼロ金利、マイナス金利を適用します。

これよりも前、日銀の当座預金にはいくら預けても0・1%の金利が付いていました。しかし、世の中がゼロ金利なのに、金融機関だけがお金を預けさえすれば確実に0・1%の金利を受け取れるのは変です。そもそも、日銀の量的緩和の目的の一つは、金融機関の貸出を後押しすることでした。そこで、日銀当座預金に資金を預けすぎることを抑制するため、マイナス金利が導入されたのです。

ところが、この政策は市場に誤ったメッセージを送りました。日銀から補助金のようにもらっていた金利が消えることで、金融機関の収益が悪化するのではないかという思惑を呼んだからです。次頁のグラフは東証銀行業株価指数に連動したETFの価格推移を示しています。マイナス金利が発表された2016年1月から銀行株は大暴落し、伊勢志摩サミットの開催された16年6月時点では底ばいの状態だったことが確認できます（図37）。

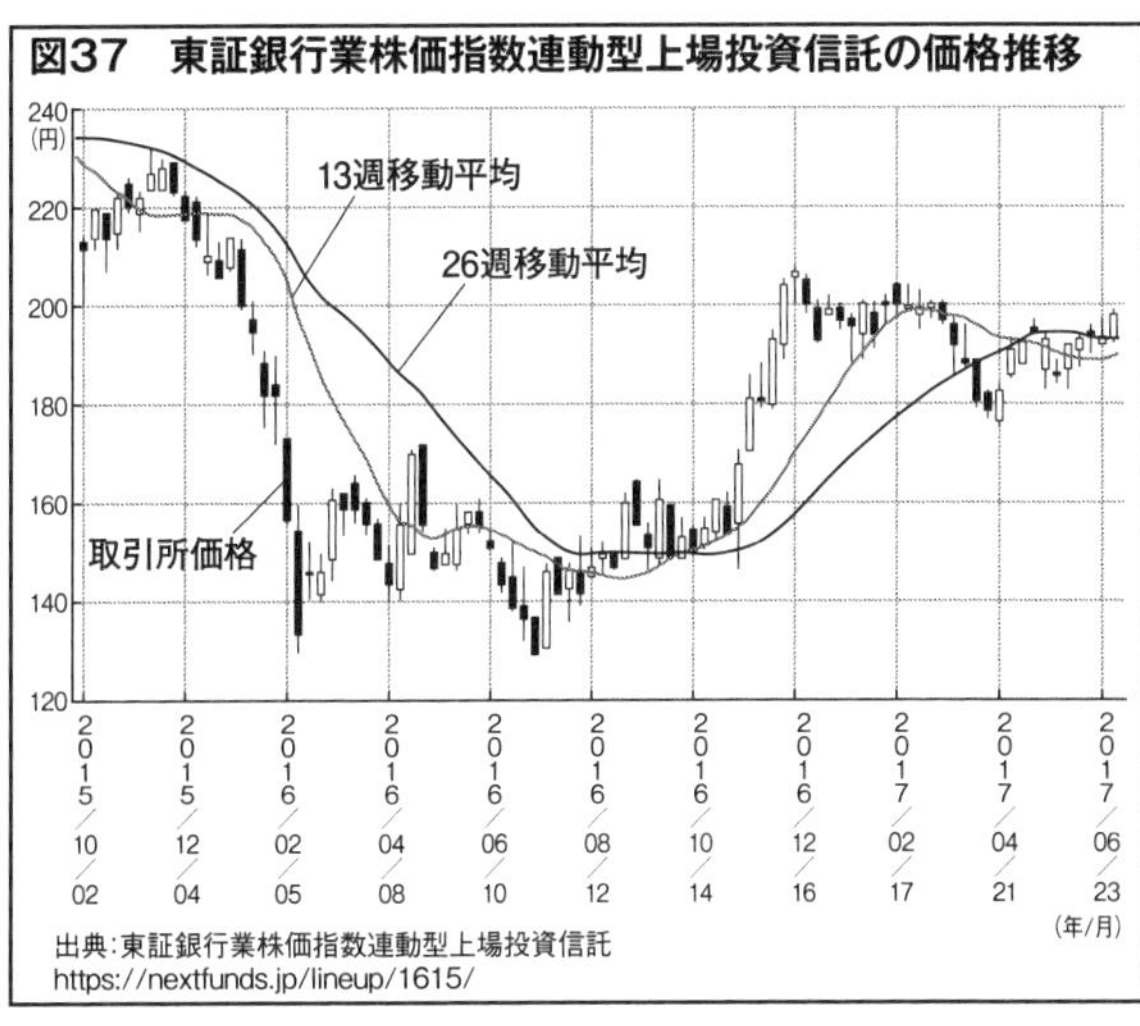

図37　東証銀行業株価指数連動型上場投資信託の価格推移

出典:東証銀行業株価指数連動型上場投資信託
https://nextfunds.jp/lineup/1615/

また市場の一部やマスコミなどには、マイナス金利政策をこれまでの国債の買い入れ「量」から「質」への転換と見做しました。彼らによれば、日銀はもう「量」が限界なので「質」に逃避したというのです。これはいわゆる「量的緩和の限界」という形で吹聴されました。

前年のチャイナショックと直近の銀行ショック、こんな状況で翌年からの消費税増税をアナウンスすれば、マーケットの不安を助長しパニックが起こる可能性すらありました。だから、安倍首相が消費税増税を延期したのは短期的には間違いではありませんでした。

しかし、それが長期的に見て本当に良かったかどうかはまた別の話です。むしろ、たび重なる増税の延期は日本人の心理に悪い影響を与えていた可能性があります。

財務省は「人々は老後への不安から消費を増やさない。だから社会保障を充実させて安心させれば消費は増える」と言います。これは半分正解で半分間違いです。人々が将来に抱いている不安の正体は「財務省が近々増税するのではないか」という不安です。怖いのは老後ではなく増税であり、増税が怖くて消費を増やせず貯金に走っていたのです。アベノミクスでデフレのどん底からは何とか立ち上がった日本経済でしたが、増税の恐怖におびえる日々は続いてしまいました。やはりベストな答えは増税の延期ではなく、撤回もしくは凍結だったのです。

天皇陛下のおことば

そんな中、平成という時代の終わりを示唆(しさ)する出来事が起きました。２０１６年８月８日、宮内庁がビデオメッセージ「象徴としてのお務めについての天皇陛下のおことば」を公開したのです。陛下は次のように宣(のたま)いました。

私も80を越え、体力の面などから様々な制約を覚えることもあり、ここ数年、天皇としての自らの歩みを振り返るとともに、この先の自分の在り方や務めにつき、思いを致すようになりました。（中略）

何年か前のことになりますが、2度の外科手術を受け、加えて高齢による体力の低下を覚えるようになった頃から、これから先、従来のように重い務めを果たすことが困難になった場合、どのように身を処していくことが、国にとり、国民にとり、また、私のあとを歩む皇族にとり良いことであるかにつき、考えるようになりました。既に80を越え、幸いに健康であるとは申せ、次第に進む身体の衰えを考慮する時、これまでのように、全身全霊をもって象徴の務めを果たしていくことが、難しくなるのではないかと案じています。

（出典：「象徴としてのお務めについての天皇陛下のおことば」平成28年8月8日https://www.kunaicho.go.jp/page/okotoba/detail/12）

高齢化社会の影響は皇室にも及んでいたのです。当時82歳の天皇陛下（現上皇陛下）の「次第に進む身体の衰えを考慮する時、これまでのように、全身全霊をもって象徴の務めを果たしていくことが、難しくなるのではないかと案じています」というお言葉は、「生前退位」を示唆するものと解釈されました。200年ぶりの譲位に向けた準備が始まりました。

国債の発行額が金融緩和の上限になる

さて、この年の1月に実施されたマイナス金利政策による混乱が「量的緩和の限界」という根拠のないデマを生んだことは既に述べました。確かに、日銀の金融緩和は市場から国債を買い入れ、その代金を市場にバラまく形で行われます。そのため、買い入れる国債が市場で枯渇すればそれが限界になる可能性はあります。

しかし、国債の発行量は政府が決めます。仮に国債が足りないなら、政府はもっとたくさんの国債を発行すればいいだけの話です。ところが、財務省は財政危機というウソの前提に基づいて国債の発行を抑制していました。これはとても奇妙な話です。そもそもマイナス金利が実現しているということは、日本国債が市場から非常に信頼されている証です。なぜなら、もし日本政府が将来返済に困ることが確実なら、多くの人が国債を売却して逃げてしまうからです。その時、国債価格は暴落し、金利は急

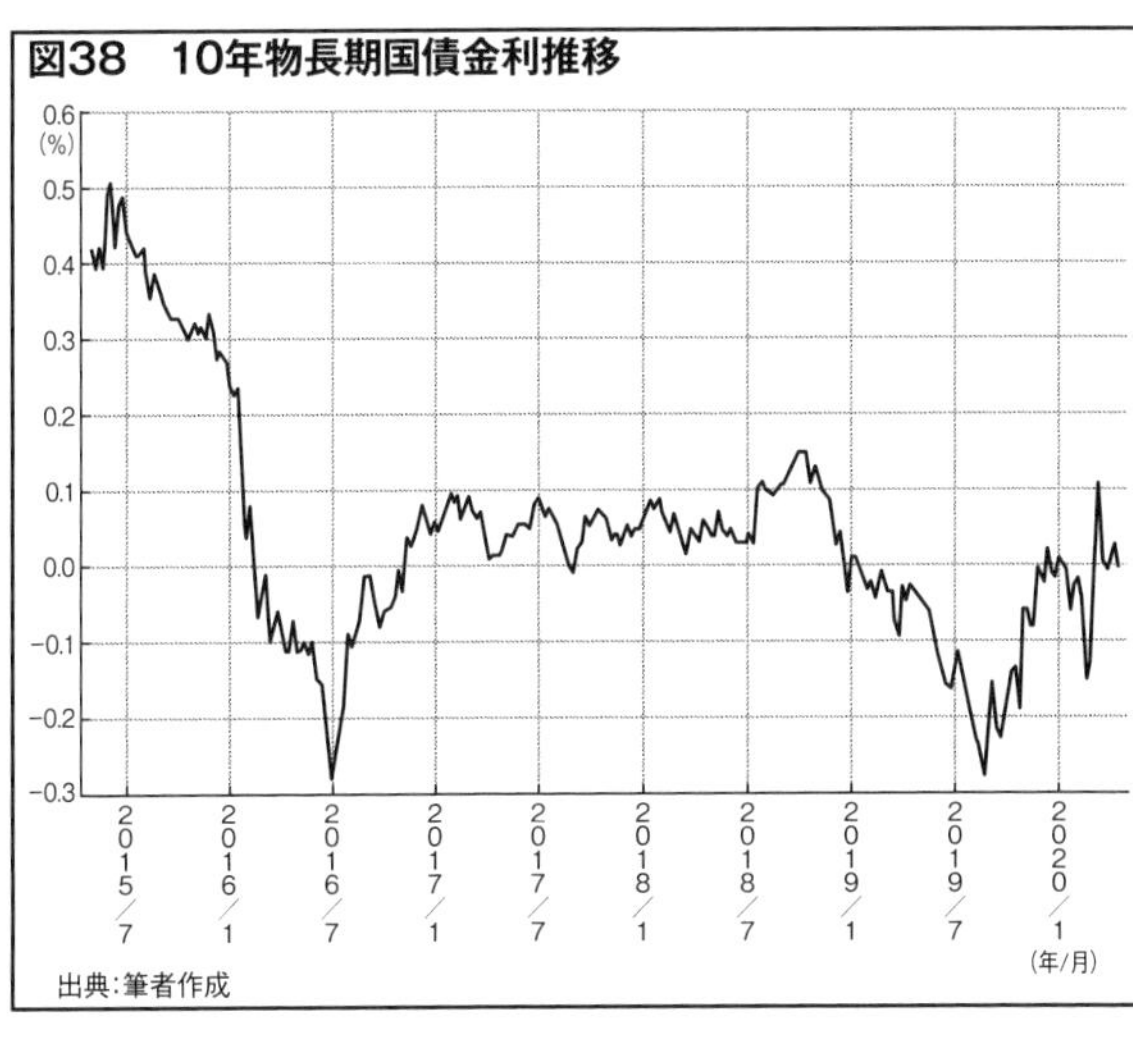

図38　10年物長期国債金利推移

出典:筆者作成

上昇するでしょう。

ところが、マイナス金利政策導入以降、市場ではそれとは正反対のことが起こっていました。上のグラフは国債金利の推移を示しています（図38）。

2016年1月から金利は急落し、一時マイナスのゾーンに落ち込みました。これは量的緩和の限界どころか、逆に大幅な金融緩和の余地を示しています。政府は国債を大量発行してこの異常な金利を終わらせるべきでした。

ところが、政府はむしろ逆に緊縮の度合いを強めました。次頁のグラフは2012年以降の新発債と借換債を含

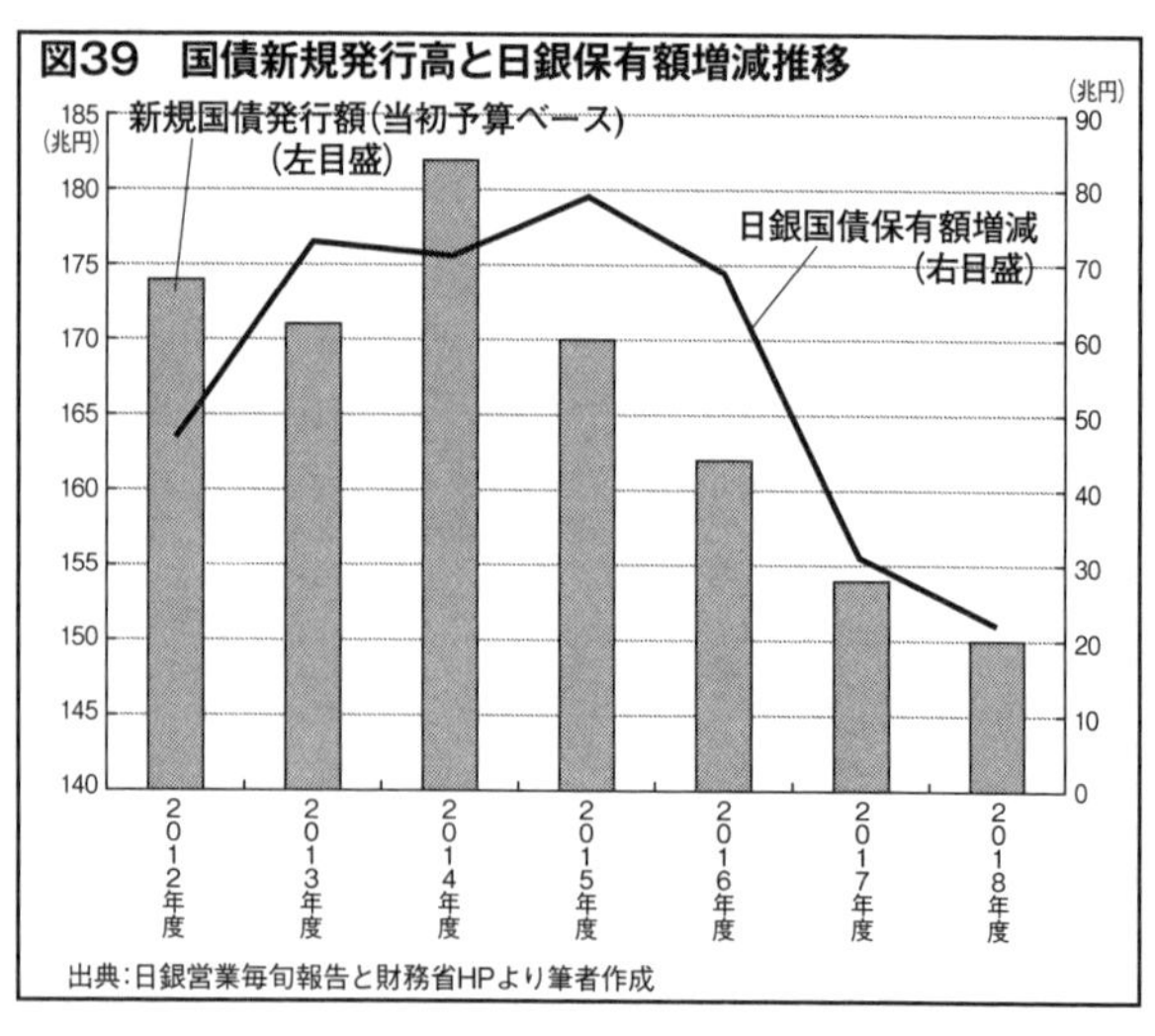

めた国債の発行残高と日銀の国債保有額の増減を示したものです。14年度こそ国債の発行は増えましたが、それ以降は減少傾向となっています（図39）。

国債発行額が減った分だけ、日銀の買い入れ余地はどんどん窮屈（きゅうくつ）になっています。国債買い入れによって資金を市場に供給するスタイルを取る限り、国債の発行額が金融緩和の上限となってしまうことが、このグラフからよくわかるのではないでしょうか。政府がやるべきことは国債の発行量を増やし、いままでケチっていた投資をすることなのです。

投資をしない財務省と政府

ところが、政府は全く動きませんでした。マイナス金利が市場に大混乱を与えたことに焦った日銀は政策の修正に迫られます。天皇陛下のお言葉があった翌月（２０１6年9月）、日銀は政策決定会合を開き、新たな金融緩和の枠組みを発表しました。「イールドカーブコントロール」の導入です。その説明は次の通りです。

10年物国債金利が概（おおむ）ね現状程度（ゼロ％程度）で推移するよう、長期国債の買入れを行う。買入れ額については、概ね現状程度の買入れペース（保有残高の増加額年間約80兆円）をめどとしつつ、金利操作方針を実現するよう運営する。買入れ対象については、引き続き幅広い銘柄とし、平均残存期間の定めは廃止する。

（出典：「金融緩和強化のための新しい枠組み」日本銀行２０１6年9月21日https://www.boj.or.jp/announcements/release_2016/k160921a.pdf）

日銀はこれまで毎年の国債の買い入れ量を示して金融緩和を行ってきましたが、これ以降は10年物国債金利が概ね0％程度になるように長期国債の買い入れを調整するというのです。つまり、金利が上がりそうになったら買い入れを増やし、金利が下がりそうになったら買い入れを減らすということです。

これは政府に対するメッセージを含んでいます。景気対策のために政府が財政支出を拡大させる場合、日銀がそれをファイナンス（資金供給）するというコミットメントだからです。これは世にいう財政ファイナンス（中央銀行が通貨を発行して国債を直接引き受けること）というもので、財政法四条で禁じられているとされています。

財政法第四条

国の歳出は、公債又は借入金以外の歳入を以て、その財源としなければならない。但し、公共事業費、出資金及び貸付金の財源については、国会の議決を経た金額の範囲内で、公債を発行し又は借入金をなすことができる。

この条文をよく読むと、確かに政府のランニングコスト（維持、管理のためにかかる費用）を国債で賄うことは禁止されています。しかし、但し書きより後ろには「公共事業費、出資金及び貸付金」といった投資リターンが期待できるものについては国債を発行して資金調達してもよい、とも書いてあります。つまり、いわゆるインフラなど長期に使用し、かつリターンのある案件には国債を財源にした投資は可能だということです。

ところが財務省は公共事業を絞りまくっていました。財務省は費用便益分析（道路整備が行われる場合とされない場合の費用額と便益額を算定、比較することで事業の妥当性を評価するもの）における割引率（投資リターン）の条件を4％というあり得ないぐらい高い値に設定し、ありとあらゆる公共事業をカットしていたのです。この非常識な投資利回りは2004年に国土交通省が策定した技術指針に基づいているそうです。19年11月7日の参議院財政金融委員会における政府答弁によれば、「10年物の国債の実質利回りや海外の費用便益分析における設定状況などを勘案して、全事業統一的に4％と設定した」とのことです。しかし、04年の10年物長期国債の利回りは概ね1・5％であり、この時点でもかなり無謀な高利回りを設定していたことがわかります。16年1月以降、金利はゼロかマイナスであり、4％という割引率は異常としか言いようがありません。ところが、財務省はこの異常な基準を10年以上改定せず放置したのです。その結果、本来実施されなければいけない公共投資が大幅にカットされていました。

ちなみに、このインフラには道路や橋梁などの有形固定資産のみならず、基礎研究や教育などの無形固定資産を含むという考え方があります。元財務官僚で嘉悦大学教授の髙橋洋一氏によれば、財務省主計局の「法規バイブル」ともいえる『予算と財政法』（新日本法規）にそのことが明記されていると言います。

この本によれば、国債による資金調達は「投資の対象が、通常のインフラストラクチャーのような有形固定資産であれば国債で賄うのは当然」のことで、「研究開発費を例として、基礎研究や教育のような無形固定資産の場合も、建設国債の対象経費としうる」とのことです。ちなみに、この本の著者は元大蔵事務次官の小村武氏であり、この考え方はいわば財務省の公式見解と言ってもいいものです。

つまり、放置された公共インフラへの投資、財源不足で研究者が海外に逃げていくと言われている研究分野、そして子供たちの教育など、政府が投資すべき案件は山のようにあるのです。ところが、財務省はすでに何万回も論破されている財政危機というウソを盾に、投資をしようとしません。投資をしなければ財源も不要なので国債の発行額は減少します。そして日銀の金融緩和の余地は狭まっていく。せっかく貧乏神の白川方明氏を追い出したのに、これではデフレの完全脱却が実現できません。何とかしなければいけませんでした。

トランプ大統領の登場

２０１６年、アメリカ大統領選挙は大方の予想を覆して、共和党のドナルド・トランプ氏が民主党のヒラリー・クリントン氏を破って当選しました。トランプ大統領は選挙戦の最中から歯に衣着せぬ物言いで物議を醸していましたが、安倍首相とはウマが合うようで、就任当初から日米関係は新たな蜜月時代に入りました。

実はチャイナショックが起こった２０１５年2月のオバマ政権時代に、米中関係に質的な変化が起こっていました。アメリカの親中派を代表する論客で国防総省の顧問でもあるマイケル・ピルズベリー氏が『Hundred-Year Marathon（１００年マラソン）邦題：Ｃｈｉｎａ２０４９　秘密裏に遂行される「世界覇権１００年戦略」』（日経ＢＰ）という本を出版しました。ピルズベリー氏は「中国は経済的に発展すれば民主主義の国になる」という、これまで40年間アメリカが信じてきたことが完全に間違っていたと告白し、自ら親中派から反中派に転向すると宣言したのです。これは極めて象徴的な事件でした。

オバマ政権時代に「多極化する世界」とか、「米中接近」といった中国共産党のプロパガンダに乗せられて、多くの識者が「チャイメリカ」（米中蜜月、中国化した米国）などと吹聴していました。2017年1月2日に放映されたBS朝日新春討論4時間スペシャルに私が出演した際、私の隣に座っていた政治学者の三浦瑠麗（みうらるり）氏は「トランプ大統領が当選して米中接近がますます進む。日本はアメリカから無視される」といった趣旨のコメントをしていました。私はトランプ政権にはピーター・ナヴァロ氏などをはじめとした対中強硬派が勢揃いしているので、それはあり得ないと反論しました。結論は皆さんがご承知の通りです。しかし、当時多くの識者が、オバマ時代の中国にやられ放題だった弱腰外交のイメージでトランプ外交を予想していました。三浦氏のみならず、トランプ大統領の当選を予想したジャーナリストの木村太郎（きむらたろう）氏ですら、DHCテレビ『ニュース女子』において三浦氏とほぼ同じコメントをしていました。私は木村氏の2つ隣の席に座っていましたので、当時のことをよく覚えています。

大方の予想に反して、トランプ大統領の経済政策は適切でした。減税や公共投資といった積極的な財政政策によって、アメリカ経済は久々の好況となります。しかし、その裏でアメリカの中央銀行であるFRBは金融引き締めに走っていました。なぜこんなことになったのでしょうか？　事の発端はリーマンショックまで遡ります。

FRB議長がホワイトハウスに面従腹背

リーマンショックの悪影響を吸収するため、FRBはQE（Quantitative Easing 量的緩和政策）を実施しました。QEは2008年11月の第1弾から14年10月に第3弾が終了するまで、足掛け6年におよびました。QE終了の翌年、15年12月、FRBはそろそろ景気の過熱が心配だとして小幅な利上げを開始したのです。FRBのロジックによれば、世の中には景気を過熱もしなければ冷やしもしない中立金利が存在しており、FRBは常にその中立金利に政策金利を一致させる必要があるとのことです。15年のアメリカの実質GDP成長率は2・5％であり、利上げに十分耐えられる水準まで景気は回復していました。

FRBはトランプ大統領就任後の2017年10月、QEの際に大量に購入した資産を縮小し始めました。中央銀行が資産を市場で売却すると、売却代金を市場から吸い上げて中央銀行に吸収することになるため、お金の量が減ります。これは強烈な金融引き締め効果を持つのですが、当時のトランプ大統領はジャネット・イエレン議長が退任間近だったこともあって特にクレームを付けませんでした。この時期にあまり円高が進まなかった理由はここにあります。

年がかわって2018年2月、イエレン議長は退任し、新たにジェローム・パウエル議長が就任します。トランプ大統領の推薦でFRB議長に就任したパウエル氏は当初トランプ氏の言いなりではないかと思われていました。ところが、イエレン議長から引き継いだ金融引き締め路線を継承し、ホワイトハウスに対して面従腹背（めんじゅうふくはい）の態度で臨みました。景気刺激のために金融緩和を欲するトランプ大統領からはたびたび批判されますが、18年の段階では引き締めを強行し続けます。ところが、18年12月の利上げ強行から情勢が一変します。トランプ大統領をはじめとした多くの政府関係者の反対を押し切って利上げしてみたものの、株価は急落。年が明けた19年1月にパウエル議長は平謝りとなってしまったのです。そして、もう二度と利上げはしないと約束をした上で、FRBの資産縮小も19年中に終了すると議会で証言しました。さすがアメリカ、日本と違って中央銀行であっても厳しい説明責任が課されているのです。

米中貿易戦争が勃発

２０１６年にマイナス金利によって迷走した日本の金融政策でしたが、イールドカーブコントロールによって何とか立ち直りました。アメリカの金融引き締めのお陰で円高も回避し、17年以降は株価も順調に上昇します。15年には一度２万円をタッチした日経平均株価は、16年には１万５０００円台まで落ち込んでいました。しかし、17年には２万円台を安定的に超え、11月には２万３３８２円というバブル崩壊以降、久々の最高値を付けました。日経平均株価は翌18年10月には２万４４４８円まで上昇し、高値を更新しました。

また、雇用に目を向けると、完全失業率は18年に３％を切り、就業者数の増加は続きます。大卒の求人倍率も１・８倍前後まで改善し、93年新卒だった私の頃とほとんど変わらない状況になりました。

ついに日本経済はあのバブル崩壊とデフレのトラウマから脱却できるかもしれない。平成の終わりである19年４月に向けて、あらゆる経済指標は尻上がりに良くなっているように見えました。

米中対立の世界的影響とは　（提供：AFP／アフロ）

しかし、世界に目を転じれば、米中対立が激化し、世界経済に暗雲が垂れ込めていたのです。2017年8月、トランプ大統領は中国の不公正な貿易慣行（技術移転の強要や不正な輸出補助金など）について通商法スーパー301条に基づく調査を検討していると発表しました。これに相前後してアメリカ政府高官から対中貿易赤字や不公正な貿易慣行に対する批判が噴出します。同年11月にトランプ大統領は訪中し、貿易協約締結セレモニーで、米中企業間で総額2535億米ドルの「ディール」が成立しました。これで米中一時休戦かと思われたのですが、実はこの「ディール」は中身のない、単なる数字の積み上げでしかなかったのです。

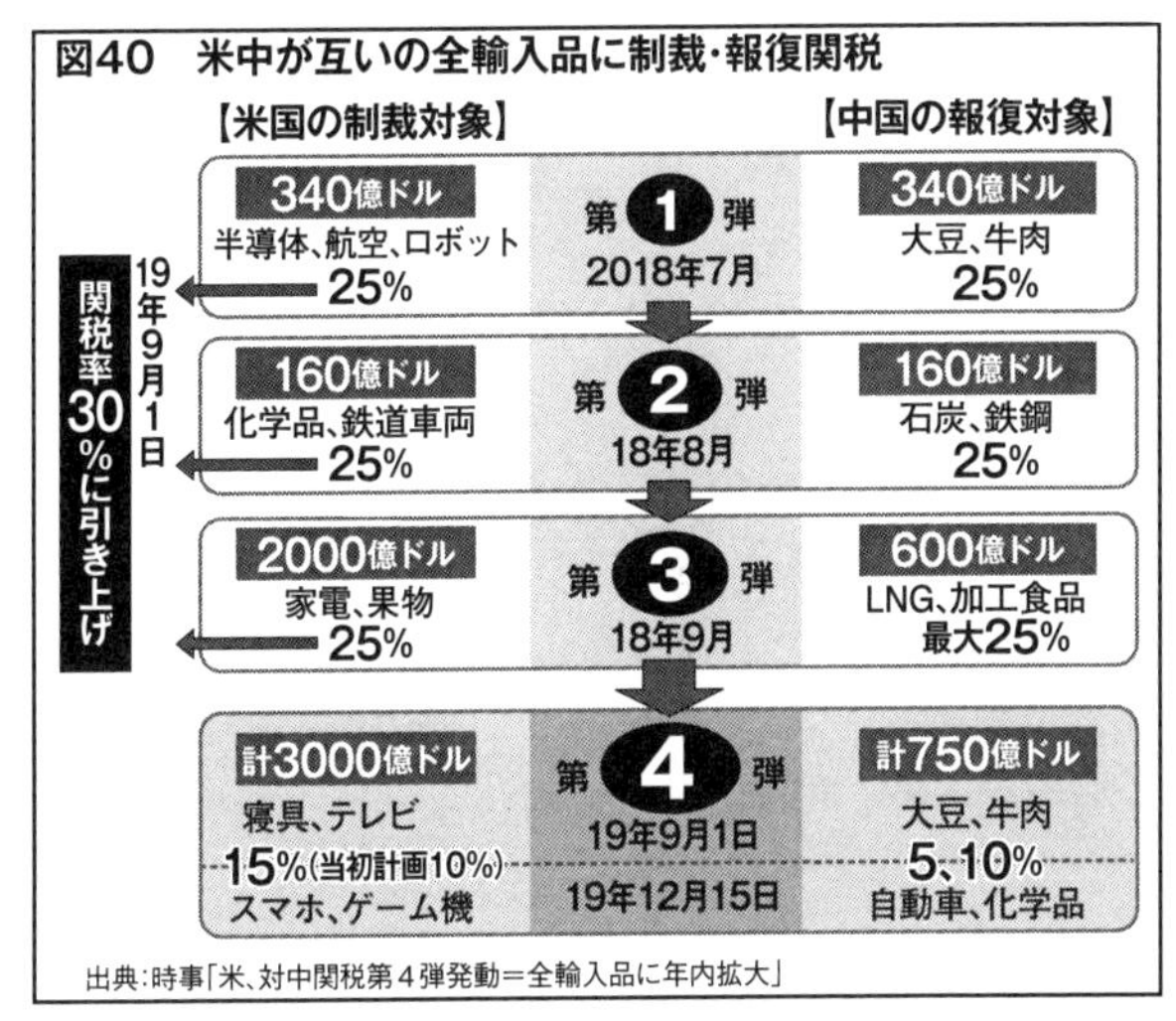

翌2018年1月、アメリカは太陽光発電パネルと洗濯機に緊急輸入制限（セーフガード）を発動し、関税を上乗せします。3月には鉄鋼とアルミ製品に追加関税が発動されます。これらは中国を単独で狙ったものではありませんでしたが、主に被害を受けるのは中国でした。そして、これに対して中国政府が報復関税措置を行ったことから対立がエスカレートします。上の図をご覧ください。7月以降、アメリカは矢継ぎ早に関税措置を打ち出し、中国がそれに報復するという貿易戦争へと発展しました（図40）。

そして、その勝負は意外と早くつき

図41　アメリカの物価上昇率（個人消費支出のデフレーター）

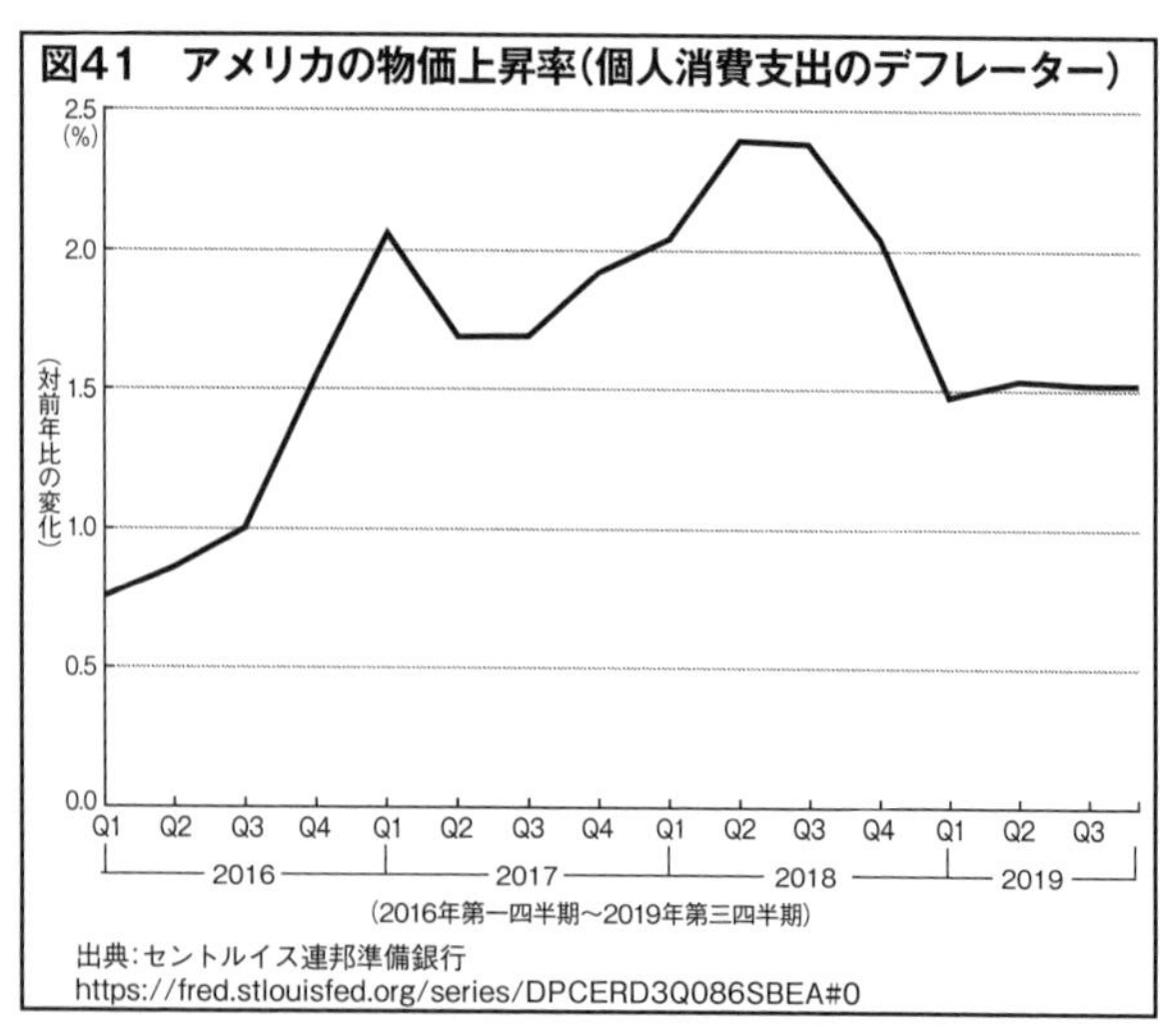

出典：セントルイス連邦準備銀行
https://fred.stlouisfed.org/series/DPCERD3Q086SBEA#0

ました。中国がボロ負けしたからです。

関税のかけ合いをした両国の勝敗を決するのは物価上昇率です。相手国の物価を異常に高騰させた方が勝ちとなります。上のグラフはアメリカの物価上昇率（ＰＣＥデフレーター）を表しています。ＦＲＢの設定する物価目標は２％ですが、概ねそれに沿った物価上昇率が実現していることが確認できます（図41）。

これに対して中国の物価上昇率は次頁のグラフになります。中国の統計は共産党によって操作されているため公式統計は今一つ信用できませんが、それでも２０１７年以降、その操作され

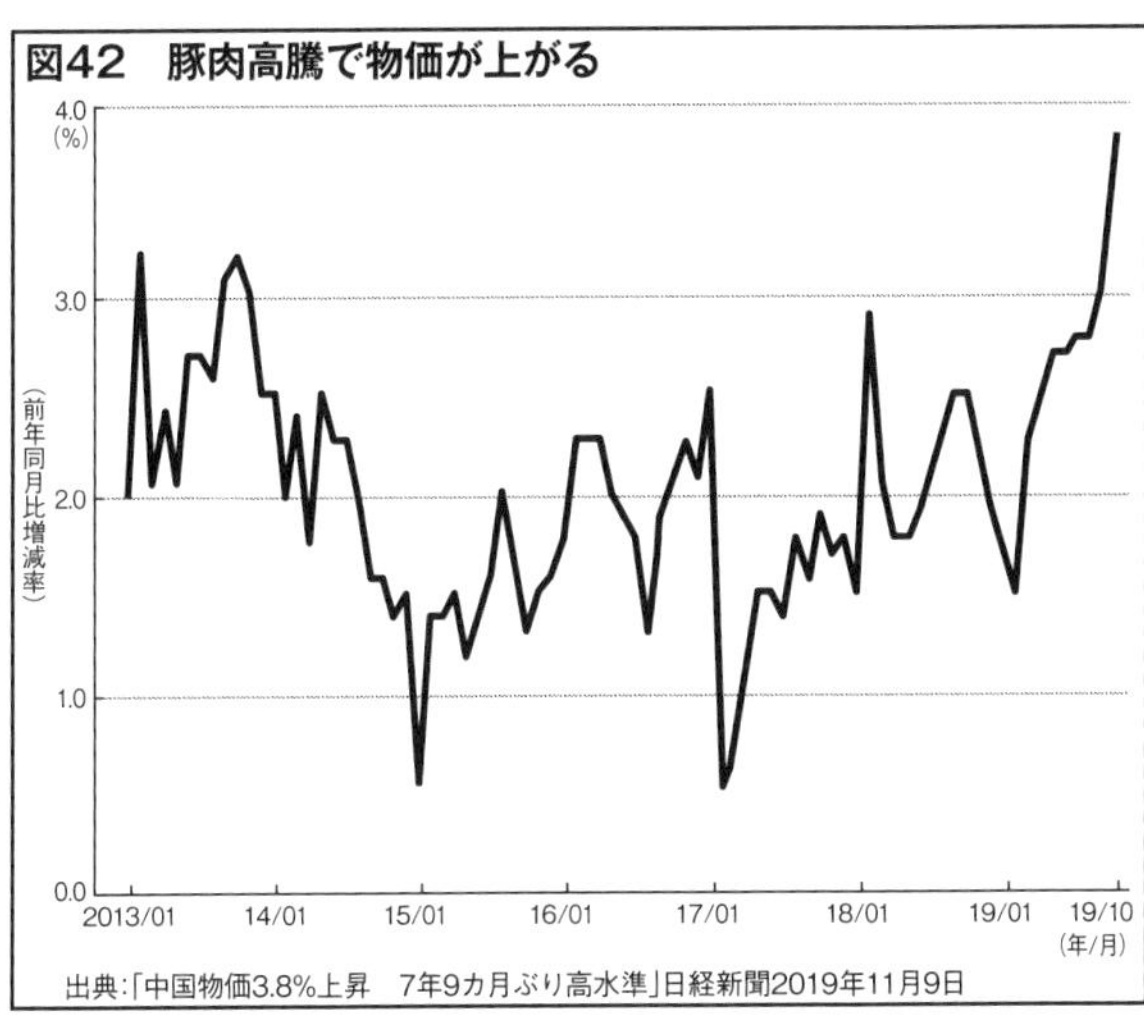

出典:「中国物価3.8%上昇　7年9カ月ぶり高水準」日経新聞2019年11月9日

た統計ですら物価上昇を認めざるを得なくなったことが確認できます。アメリカの農産物にかけた報復関税のせいで食料品全般が値上がりしたことに加え、アフリカ豚コレラの大流行により、特に豚肉価格は2倍になってしまったことが響きました（図42）。

平成最後の日の株価と労働力調査

米中両国が貿易戦争でお互いに傷つけあう中、日本は漁夫の利を得られたでしょうか？　残念ながら、日本は未だ三党合意という悪霊との格闘が続いていました。２０１６年６月に延期した消費税増税は元号がかわった後の19

年10月に持ち越されましたが、撤回されることはなかったからです。雇用環境は大幅に改善したものの、インフレ率は物価目標には届かず、経済成長率も今一つ冴えません。財務省が想定するショボい成長率は達成できても、これまでの遅れを取り戻すような空前の好況とまではいかなかったのです（図43）。

図43　平成末期の経済成長率

	名目	実質
2016年	0.8	0.5
2017年	1.9	2.2
2018年	0.2	0.3

一見、２０１７年の実質成長率が良いように見えますが、この年は名実逆転でむしろデフレ的傾向を強めています。18年は成長の鈍化と名実逆転が起こり、アベノミクスにも翳りが見えてきました。本来ならここで、もう一段の金融緩和と大規模な財政出動が必要でした。ところが、財務省は公共投資の割引率（投資リターン）の基準を4％から改めることはなく、日銀が追加緩和を繰り出すこともありませんでした。ひたすら現状維持が続く中、増税を控えて景気の先行きに不透明感が増していくばかり。そんな中、18年12月のＦＲＢの利上げ強行でニューヨーク株が大暴落します。これに連動して日経平均株価も大暴落してしまいました。

図44　就業者の対前年同月増減と就業率の対前年同月ポイント差の推移

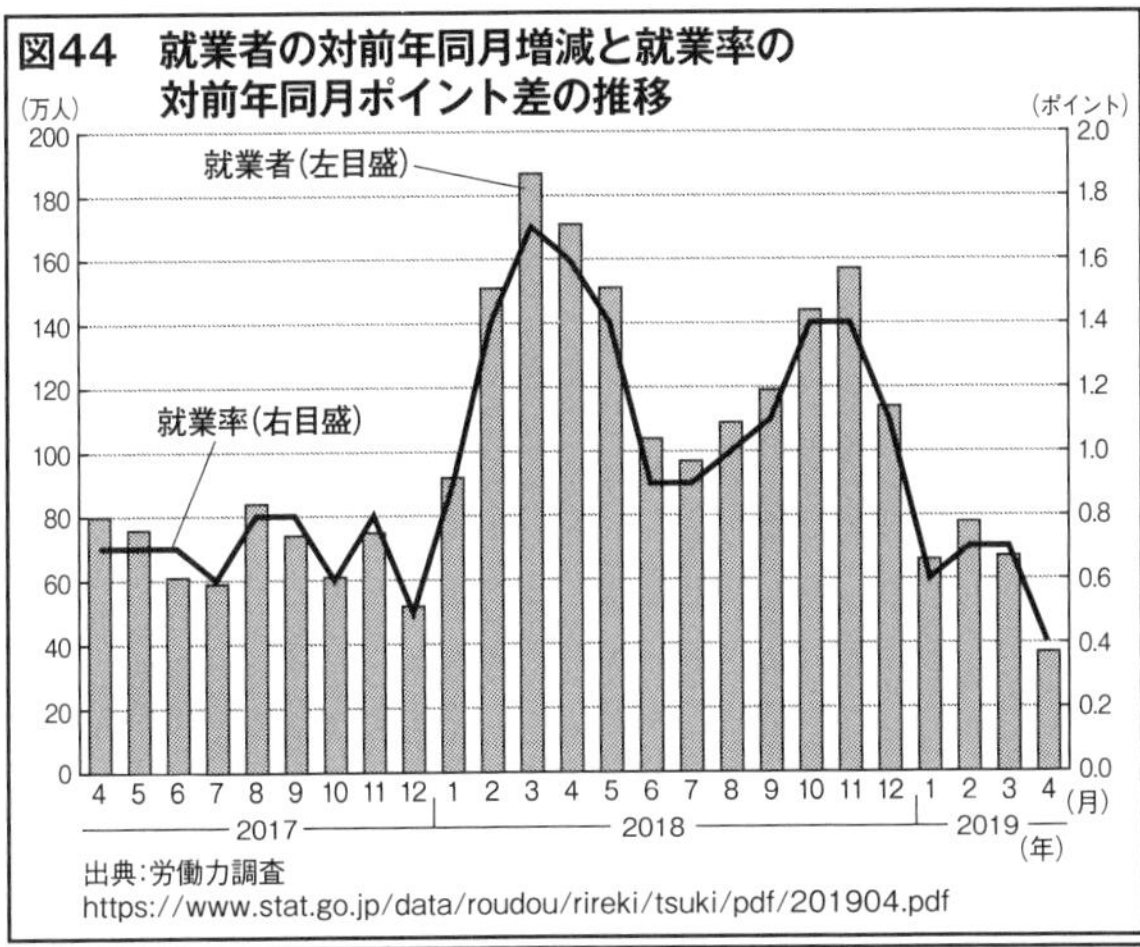

出典:労働力調査
https://www.stat.go.jp/data/roudou/rireki/tsuki/pdf/201904.pdf

図45　完全失業率の対前年同月増減と完全失業率(季節調整値)の推移

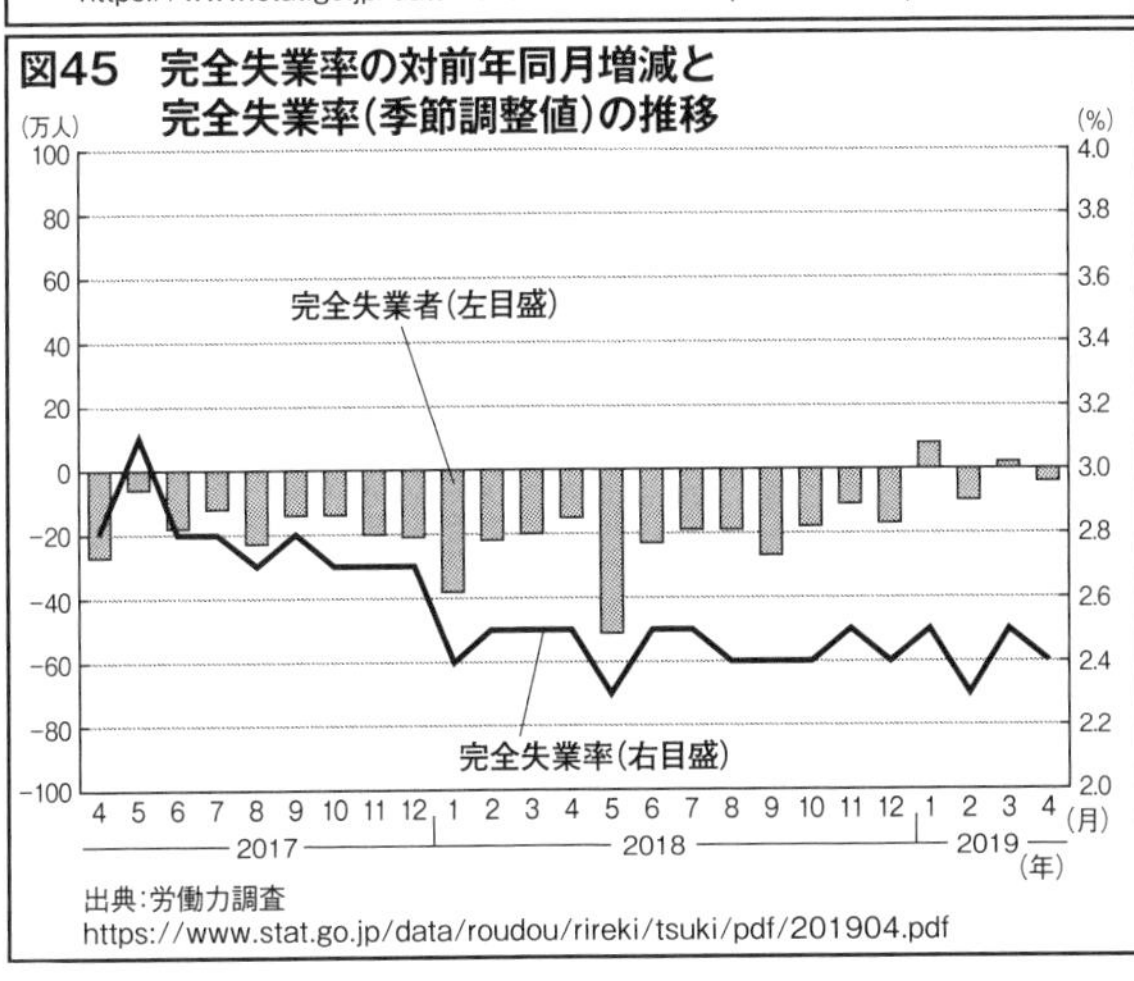

出典:労働力調査
https://www.stat.go.jp/data/roudou/rireki/tsuki/pdf/201904.pdf

10月に2万4000円台に乗せた株価は、12月に1万8948円まで暴落してしまったのです。

ところが、年明けに株価はすぐに持ち直しました。そこから、バブル崩壊のような大崩れをすることなく、平成最後の日の株価は2万2258円で引けました。平成最後の月の労働力調査から重要なグラフを抜粋しておきます（前頁の図44、図45）。就業者数は増加し続けているものの、増加数、増加率共にやや鈍化の兆しが見えます。失業率は2%台前半で横ばいです。雇用に翳りが出てきたタイミングで増税することに一抹の不安を感じます。果たして大丈夫なのでしょうか？　日本経済の心配事は元号がかわっても減りそうにありません。

みんな平成という時代を必死に生き抜いた

2019（平成31）年4月30日、平成という時代が終わりました。

それは昭和の終わりとは異なり、慌ただしさを感じない、とても穏やかで、静かなものでした。天皇陛下の譲位があらかじめ計画されていたからかもしれません。元号がかわる瞬間を、私は取材先のシンガポールから帰国する飛行機の中で過ごしました。

歴史的瞬間は羽田空港に到着する1時間前、日本列島上空で迎えました。ああ、ついに平成が終わる。不思議と涙は出ませんでした。涙ならとっくに枯らしてしまった。それぐらい平成はつらく苦しい時代でした。

バブル崩壊後の「失われた10年」は昭和恐慌よりも長く、その落ち込みは大東亜戦争による破壊ほどではなかったにせよ、日本の産業が壊れ、海外に逃げていく深刻なものでした。私は平成元年に20歳になり、大学を卒業してからは職を転々としてきました。それまで正しいと言われていたことがすべて間違っていて、間違っていると言われていたことがすべて正しい。そんな価値観の転倒を体験したように思います。

昭和において「会社は一生勤めるもの。地価は下がらない。外資系より日系」が常識でした。ところが平成は「転職が当たり前。地価は下がり続ける。外資系に行く奴は優秀」と何もかもが逆さまになってしまいました。そこで多くの人が混乱し、経済的な困窮からヤケを起こして危険思想に染まった時代。それが平成だったような気がします。最後の最後にアベノミクスがあって本当に良かった。あれがなければ本当に日本経済は終わっていたかもしれません。

混乱する日本経済に翻弄(ほんろう)されつつ、私にはいろいろなことがありました。そして、何とか平成という時代を必死で生き抜きました。読者の皆さんもきっと同じような体験をお持ちでしょう。私たちは歴史に爪痕（つめあと）を残すことができたのでしょうか？

そして、令和の日本経済の行方は？　続きは『経済で読み解く日本史7　令和時代』に譲りたいと思います。

あとがき　静かに終わった平成から激動の令和へ

本書は『経済で読み解く日本史』の平成編です。本当ならあとがきは平成時代の苦労を振り返ってひとしきりその感慨に耽(ふけ)るつもりでした……ところが!!

令和に入ってから約1年の間に起こった出来事はあまりにも劇的過ぎて、これを書かずして本書を終わらせるわけにはいかなくなってしまいました。言わずと知れた消費税増税と武漢肺炎のパンデミックです。

増税は令和元年10月1日、新型肺炎の感染拡大で武漢が封鎖されたのは令和2年1月23日、日本の緊急事態宣言発令は4月7日でした。増税からわずか半年の間に、立て続けに起こった未曾有(みぞう)の危機。静かに終わった平成から激動の令和へ。このことを書かずに筆を擱(お)くことはできません。なので、今しばらくお付き合いください。

それはまさに最悪の選択でした。コロナショックという未曾有の危機を前にして、安倍内閣が消費税率を10%に上げてしまったからです。「二度の延期で財務省に我慢させたので三度目はなかった」と政治記者は言います。しかし、経済政策はそんな内輪の貸し借りで決めてはいけないのです。

令和元年の消費税増税の大義名分は「社会保障と税の一体改革」でした。日本は少子高齢化社会を迎え社会保障費が増大していく。その社会保障を支える安定財源として消費税を充当する。ちょっと聞いただけでは反論しにくいロジックで、多くの国民は騙されてしまいました。

しかし、このロジックは経済学的に完全に間違っていました。第7章でも説明したとおり元財務官僚で嘉悦大学教授の髙橋洋一氏よれば、社会保障の財源は基本的に保険料で賄うべきものであり、将来の給付と将来の保険料がバランスするように設計されているとのことです。その設計は保険数理に基づいて行われ、もし給付が多すぎて保険制度が破綻すると言うなら、給付を減らすか、保険料を上げるかいずれかの調整を行うべきです。こうすることで、過大な給付を求めれば負担する保険料も増大し、無制限な給付にはおのずと歯止めがかかります。

ところが、消費税を社会保障財源としてしまうと、過大な給付を求める側とその保険料を負担する側のリンクが断ち切られてしまいます。保険料を負担する人と、もらう人がバラバラになることで、もらう側は過大な要求をしても何らペナルティを受けません。そういう時、要求はエスカレートしがちになります。そして、要求が行き過ぎれば保険制度そのものが破綻します。消費税を社会保障財源にしている国が日本以外に存在しない理由はまさにこれなのです。

ところが、日本政府はこんな危うい社会実験を実施してしまいました。しかも、その実施は平成30年中にほぼ確定していました。平成30年10月15日の臨時閣議で、安倍首相は「消費税率については、法律で定められたとおり、平成31年10月1日に現行の8%から10%に2%引き上げる予定です」と述べ、1年後の消費税増税を確約してしまったからです。

しかし、逆転のチャンスはゼロではありませんでした。平成最後の月にある事件が起こります。それは、4月18日のDHCテレビ『虎ノ門ニュース』の生放送中に起こりました。

自民党の萩生田(はぎうだ)光一幹事長代行は18日のインターネット番組で、10月に予定する消費税率10%への引き上げに関し日銀の6月の企業短期経済観測調査（短観）で景況感が悪ければ3度目の延期もあり得るとの考えを示唆し、増税先送りの場合は

「国民に信を問うことになる」と述べた。萩生田氏は安倍晋三首相の側近で知られ、永田町では首相が夏の参院選と衆院選の同日選を視野に入れているのではないかと臆測を呼んだ。

萩生田氏は「真相深入り！虎ノ門ニュース」で「(増税の)前提は景気回復だ。6月の数字を見て、危ないぞと見えてきたら、崖に向かってみんなを連れていくわけにはいかない」と述べた。

(出典：産経新聞2020年4月18日　自民・萩生田氏、消費増税延期を示唆「6月の日銀短観次第」) https://www.sankei.com/economy/news/190418/ecn1904180032-n1.html

この頃、令和元年7月の参院選に合わせて、自民党が消費税増税を凍結することを公約に衆議院を解散し、衆参ダブル選挙を実施するのではないかという噂が広く語られていました。その噂を裏打ちするようなコメントが安倍首相の側近とされる萩生田氏から飛び出したのです。マスコミもこの発言に度肝(どぎも)を抜かれ、大きく報道されました。永田町も霞が関も寝耳に水です。

ところが、この発言の直後、萩生田氏は集中砲火を浴びてしまいます。この発言の当日に会見した菅義偉官房長官は、「リーマンショック級の出来事が起こらない限り、法律で定められたとおり、引き上げる予定で、予定通り引き上げられるよう経済運営に万全を期したい」と述べ萩生田発言を否定しました。同日、自民党の森山裕国会対策委員長も、「党として、萩生田氏が発言したような議論をしているということは全くない」と萩生田発言を否定。また、連立を組む公明党の石田祝稔政務調査会長も「消費税率引き上げを延期する状況ではない。株価も安定してきているし、ヨーロッパやアメリカの経済も若干落ち着きを取り戻している」と述べ、増税延期を否定したのです（ソース：２０１９年５月８日ＮＨＫ政治マガジンhttps://www.nhk.or.jp/politics/articles/feature/17237.html）。

翌日、萩生田氏は「これは政治家としての私個人の見解を申し上げたもので、政府とは話していない」と記者団を前に釈明に追われる始末。反乱は一日で鎮圧されてしまいました。おそらく、萩生田氏は安倍首相の密命を帯びて観測気球（アドバルーン）を上げてみたのでしょう。本人も批判されることは十分に分かっていたと思います。

しかし、この発言を機に一気に国民世論が盛り上がり、自民党の中にも追随してくる人が出てくれれば、次の展開につながったかもしれません。自民党が増税の凍結を前面に打ち出して衆参ダブル選挙に打って出れば、多くの国民がそれを支持したでしょう。衆参両院で圧倒的な議席を得て、安倍首相の悲願である憲法改正の発議へと確実に進むことができたと思います。

ところが、萩生田氏の後に続く人は誰もいませんでした。そして、肝心の国民世論もあまり盛り上がりませんでした。財務省のたび重なる洗脳があまりに効きすぎていたのです。

「萩生田の乱」が失敗した理由については、様々な憶測が飛び交いました。中でも有力視されていた説は、公明党と菅官房長官が衆参ダブル選挙にどうしても反対で、ある種の拒否権を発動したというものです。公明党はダブル選挙になると「戦力」を集中させることが出来ず、議席を減らしてしまう可能性があります。また、消費税増税に際し、軽減税率を認めさせたのは公明党の功績ということになっているので、増税自体を止めて軽減税率まで立ち消えになることを嫌ったともいわれています。さもありなんという話ですが、いずれも出所不明の噂、一部の政治記者の憶測に過ぎません。

私が思うに、根本的な理由、いや問題は別のところにあります。それはある種の惰性です。「法律で決まったからやる。その法律を変えるための手間をかけるのは面倒くさい」と多くの国会議員が考え、政治的なリソースを消費することを嫌がった。だから誰一人、萩生田氏に続かなかった。私はそう思っています。

日本の政治家は財務省に洗脳されています。もっと正確に言いましょう。彼らは洗脳されていなかったとしても、洗脳されているフリをしなければならない「大人の事情」を抱えているのです。

政治家は次の選挙で当選することを第一に考えて行動しています。そのためには地元経済への貢献が不可欠です。その貢献を目に見える形で表すために政治家が出来る仕事はなんでしょう？　そうです、「補助金ゲットだぜ！」です。

しかし、地方経済にとって補助金はむしろ毒にしかなりません。なぜなら、補助金は何かを作る時にワンショット出るだけで、それを維持する時には出ないからです。その結果、地方の実情やマーケットサイズに見合わない過剰な施設や設備（＝負債）が生まれ、キャッシュを生まない負債を維持するために、地域の住民は重い十字架を背負わされてしまうのです。

ところが、次の選挙を最優先に考える政治家にとって、補助金は獲得してナンボの分かりやすい貢献の指標です。そして、その補助金を差配（さはい）して儲けている地元の「豪族（利権に群がる業者、人々）」は沢山の票を持っています。

そんな「ビジネスモデル」で平常運転している日本の政治家が、わざわざ財務省に盾突いて一度決めた法律をひっくり返すようなことはしません。萩生田氏の呼びかけも空しく、誰も後に続かなかった問題の根深さをご理解いただけたでしょうか。

細かい事情は党や政治家ごとにあるでしょう。しかし、そんなものいくらほじくり返しても意味はありません。問題は補助金を配ると票が増えるというビジネスモデルにあるわけです。さらに言えば、補助金をもらうことを商売にしている地元の「豪族」こそが大問題なのです。

消費税増税で即座に大打撃

令和元年10月1日に消費税が増税されると、日本経済は即座に大打撃を受けました。10～12月期のＧＤＰは年率換算では７・１％減。まさに惨憺たる結果です。消費税増税による景気悪化を防ぐために次頁の図のような景気対策が実施されましたが（図46）、対策の効果は全くありませんでした。

政府が実施した対策は合計６兆６０００億円で、これは予想される６兆３０００億

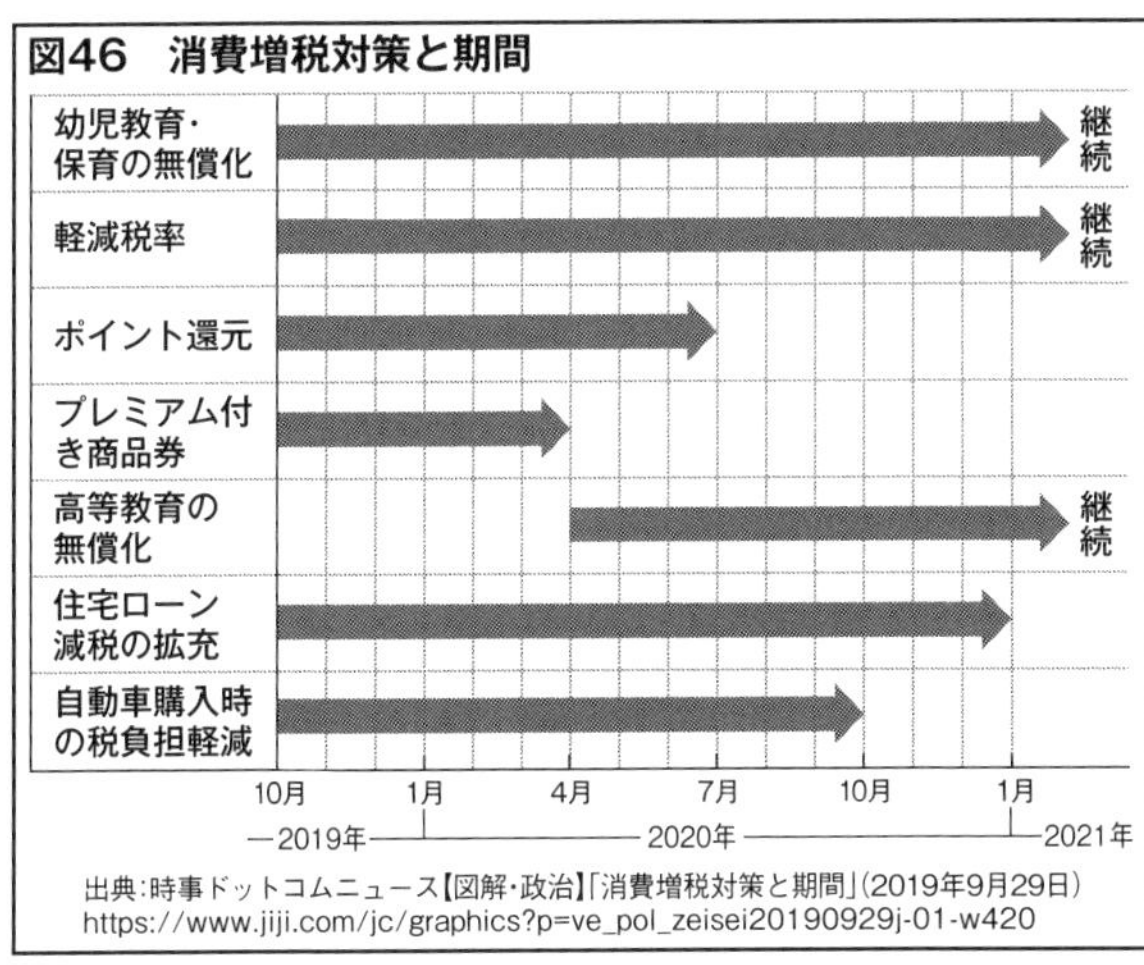

出典:時事ドットコムニュース【図解・政治】「消費増税対策と期間」(2019年9月29日)
https://www.jiji.com/jc/graphics?p=ve_pol_zeisei20190929j-01-w420

円の国民負担増を帳消しにする規模だと報道されました。しかし、この図を見れば負担が増える人と、給付を受ける人が一致していないことが一目瞭然です。

消費税は逆進性の高い税金であり、貧しい人ほど相対的に大きなダメージを受けます。ところが、景気対策には住宅や車を買う人むけの軽減措置が並びます。そういうものが買えない人にこそ手厚く給付すべきなのに何をやっているのでしょう。ポイント還元のような比較的平等な給付措置は令和2年6月までの時限措置。これではむしろ徴税後の不平等が増してしまいます。当然、人々は将来的

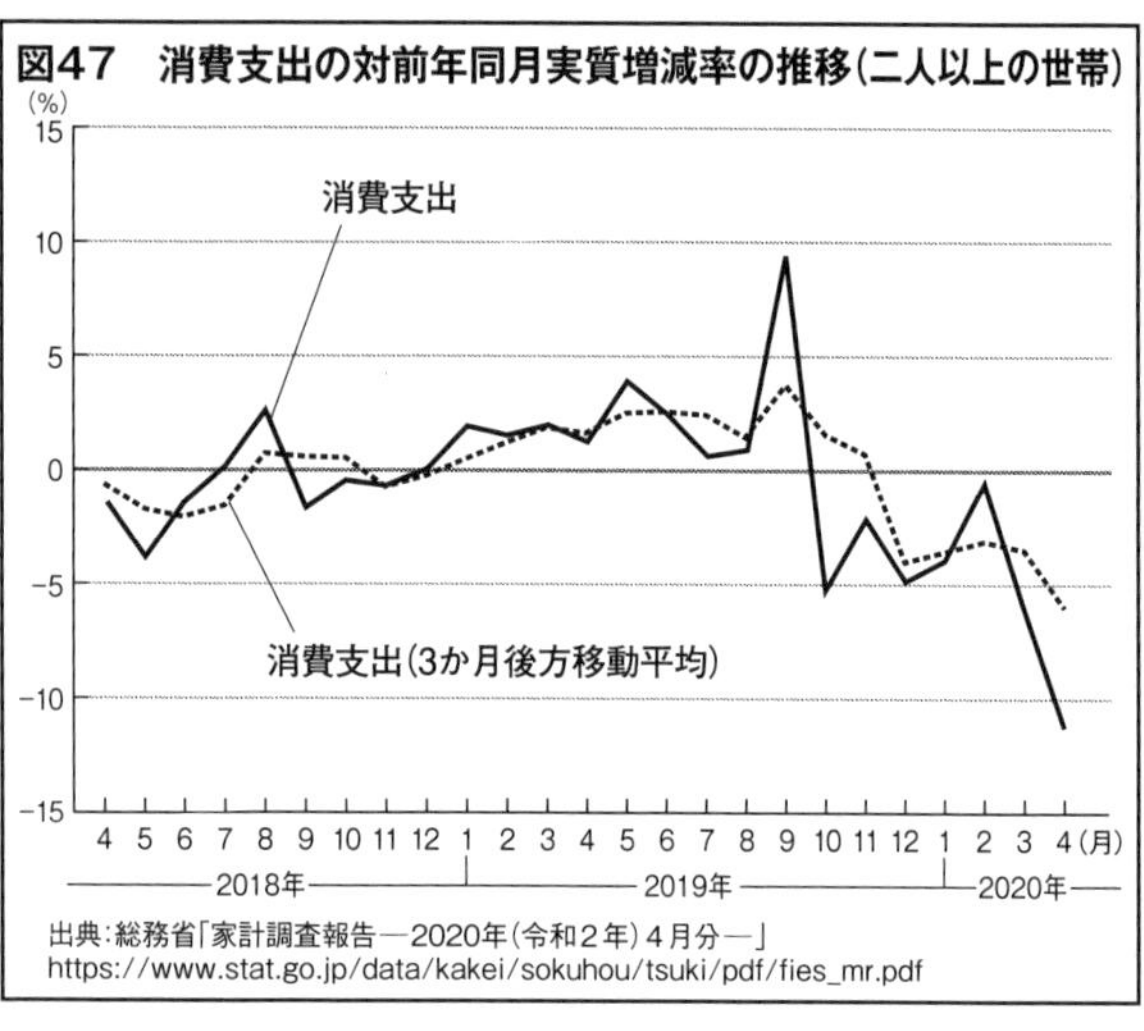

に所得が減ることを予想し消費を抑制します。実際にデータで確認してみましょう(図47)。

令和元年9月に一時的な駆け込み需要があった後、10月に消費税が増税されると消費は一気にマイナス圏に落ち込んでいることが分かります。財務省の説明では、一時的に消費が低迷してもその後じわじわと元に戻るということでしたが、全くそのようになっていません。

終章で説明したように、人びとが恐れているのは老後の生活ではなく、むしろ「消費税増税」のほうだったのです。なぜなら、消費税の増税は実質的な手取りの所得の目減りを意味します。将来的に手取りが減るなら、余裕のあるうちに消費を削ってお金を貯めておこうと考えて当然です。アベノミクス下において、今一つ消費が盛り上がらなかったのは、人々が将来的な増税を恐れていたからです。安倍首相は消費税増税を「延期」ではなくて、「凍結」するべきでした。残念ながら、安倍首相の二度の消費税延期はかえって人々の貯蓄へのインセンティブを高めてしまった可能性があります。

武漢肺炎パンデミック

ところが、そんな最悪のタイミングで次の危機が日本、いや全世界を襲います。武漢肺炎のパンデミックです。

令和2年1月10日、厚生労働省は「中華人民共和国湖北省武漢市における原因不明肺炎の発生について」というプレスリリースを出しました。「中華人民共和国湖北省武漢市において、昨年12月以降、原因となる病原体が特定されていない肺炎の発生が複数報告されており、必要な情報の収集・公表を行っているところです」と書かれたその資料（厚生労働省「中華人民共和国湖北省武漢市における原因不明肺炎の発生について〈第3報〉」）には、「感染経路：不明。ヒト－ヒト感染の明らかな証拠はない。また、医療従事者における感染例も確認されていない」との記述もあります。

後に分かったことですが、台湾ではすでに令和元年12月31日の時点でヒト－ヒト感染の可能性が高いことをWHO（世界保健機関）に報告していました。ところが、この報告をWHOは握りつぶし、この大事な情報が世界各国に共有されることはありませんでした。WHO事務局長のテドロス氏はエチオピアの外務大臣時代から中国の援助外交で骨抜きにされており、政治的な理由から台湾の進言を無視したと言われています。

1月23日、中国政府が突如武漢を封鎖することを発表し世界中で緊張が高まります。欧米諸国はスウェーデンなどの例外を除き、ウイルスの侵入を防ぎ、徹底的に追い詰めて殲滅する方針を採りました。そのため、感染が疑われる人々すべてに対してPCR検査を実施し、陽性の判定が出た人は容赦なく隔離しました。しかし、武漢肺炎の感染力は強く、病室はすぐに満室となり適切な処置を受けられない人が廊下に溢れかえるという事態に陥りました。

実は、1月に武漢で起こったことがまさにこれでした。武漢では医療スタッフ20人のクリニックに2万人の患者が押し寄せ、ゾンビ映画さながらの阿鼻叫喚の大パニックが起こっていたのです。欧米諸国は何を血迷ったか初動対応を間違え、とてつもない感染者と死者の山を築きました。

これに対して日本の方針は当初から欧米とは異なりました。政府新型コロナウイルス感染症対策専門家会議委員で東北大学の押谷仁教授は次のように述べています。

欧米諸国は、感染者周辺の接触者を徹底的に検査し、新たな感染者を見つけ出すことで、ウイルスを一つ一つ「叩く」ことに力を入れてきました。しかし、日本だけではなく各国のデータから、接触者の陽性率は非常に低いことがわかっています。一方で、通常の方法では見つからないような軽症例や、無症状の感染者からも感染が起こり得ます。したがって、そのような対応は感染拡大阻止にはさほど有効ではない上に、たいへん非効率な消耗戦となってしまったのです。

一方、日本の戦略の肝は、「大きな感染源を見逃さない」という点にあります。われわれがクラスターと呼ぶ、感染が大規模化しそうな感染源を正確に把握し、その周辺をケアし、小さな感染はある程度見逃しがあることを許容することで、消耗戦を避けながら、大きな感染拡大の芽を摘むことに力を注いできたのです。そのような対策の背景には、このウイルスの場合、多くの人は誰にも感染させていないので、ある程度見逃しても、一人の感染者が多くの人に感染させるクラスターさえ発生しなければ、ほとんどの感染連鎖は消滅していく、という事実があります。

（出典：『外交』Vol.61感染症対策「森を見る」思考を――何が日本と欧米を分けたのか http://www.gaiko-web.jp/test/wp-content/uploads/2020/06/Vol.61_6-11_Interview_New.pdf）

この方針の違いは結果として死亡者数に直結しました。日本は欧米ほど厳しいロックダウンをしなかったにも拘わらず、人口10万人当たりの武漢肺炎による死者数は7人（令和2年6月16日現在）。これに対してスペインは580人、イタリアは568人、アメリカは350人という惨憺たる結果となりました。2桁も違います。

厳しいロックダウンをしない日本を当初欧米マスコミは上から目線で批判していましたが、結果が一目瞭然となると、突如手のひらを返します。

ドイツの著名なウイルス学者であるシャリテ大学病院のクリスティアン・ドロステン氏が28日、日本の新型コロナウイルス対策を「近い将来の手本にしなければならない」と語った。一部の感染者から多くの感染が広がっている現象に注目し、日本のクラスター（感染者集団）対策が感染の第2波を防ぐ決め手になりうるとの考えを示した。

ドロステン氏は新型コロナの検査の「最初の開発者」（メルケル首相）とされ、ドイツ政府のコロナ対策にも大きな影響力がある。２００3年の重症急性呼吸器症候群（ＳＡＲＳ）の共同発見者としても知られるウイルス学の第一人者だ。

（出典：日経新聞２０２０年5月30日　コロナ対策、日本が「手本」　ドイツ第一人者が指摘https://www.nikkei.com/article/DGXMZO59793200Q0A530C2EAF000/）

最悪だったのは日本のマスコミです。特に、テレビ朝日の『羽鳥慎一モーニングショー』は国民の不安を徹底的に煽（あお）りました。他のマスコミも論調は同じです。「日本はＰＣＲ検査が不足していて患者数を把握できていない」というＰＣＲ検査万能論（俗称：ＰＣＲ真理教）です。しかし、ＰＣＲ検査の精度については後にジョンズ・ホプキンス大学から衝撃の事実が発表されています。

新型コロナウイルスの感染者が、発症する前日にPCR検査（遺伝子検査）を受けても、「陽性（感染者）」と判定されたのは3人に1人にとどまるとの分析を、米ジョンズ・ホプキンズ大のチームがまとめた。発症4日前では皆無だった。新型コロナは発症前でも感染力が強く、症状のない人も広く検査すべきだとの声もあるが、PCR検査だけでは感染者の特定に非効率で、今後、慎重論も出そうだ。

（出典：毎日新聞2020年5月31日　新型コロナ　PCR陽性33%　感染者、発症前日検査https://mainichi.jp/articles/20200531/ddm/001/040/052000c）

マスコミは全国民にPCR検査を実施しろという暴論を展開していたのですが、その根拠は極めて薄弱で、仮にそんなことをしていたら日本も欧米と同じく医療リソースが枯渇（こかつ）していた可能性がありました。前出の押谷教授はこの点について次のように述べています。

欧米人の感覚では、「自分が感染したかもしれないのに、すぐに検査してもらえない」宙ぶらりんの状態に置かれることは耐えがたく、許しがたいことなのかもしれません。しかし、検査や診察への抑制的なアクセスはこのウイルスには必要な対策であり、そこを批判するのは、まさに「木を見て森を見ていない」のです。（中略）

二〇〇九年に新型インフルエンザが流行した際、検査目的でたくさんの人が発熱外来に押し寄せ、何時間も待たされた上に、待合室が「三密」化した、という経験がありました。それゆえ日本の臨床現場では、「無秩序な検査はかえって状況を悪化させる」という認識が、ある程度共有されていたと思います。

加えて、検査の質の問題もありました。特に米国は、食品医薬品局（ＦＤＡ）が拙速にＰＣＲ検査キットを承認したため、粗悪な製品が出回ってしまいました。しかも、中国から報告されたＰＣＲのプライマー（遺伝子配列）は精度が低く、日本はすぐに使用を中止しましたが、米国は使い続けました。こうした要素が相まって、ＰＣＲ検査の精度を下げ、混乱に拍車をかけたと考えられます。

（出典：前掲『外交』Vol.61）

もし、マスコミ報道に世論が突き動かされ、日本政府がPCR検査万能論で突き進んでいたら、「たいへん非効率な消耗戦」に巻き込まれるところでした。しかし、日本人は比較的冷静に事態を捉え、強制力のない自粛要請にも協力的でした。元々、花粉症などでマスクをする習慣があり、またハグやキスなどの接触を伴う挨拶の習慣がなかったこともプラスに働いたのでしょう。BCGが効いているとか、地理的に支那大陸に近いため、武漢肺炎類似のコロナウイルスに常時曝露されていて抗体ができていたとか、様々な説があります。今のところその主な要因は不明ですが、すべてをひっくるめて「民度」の問題だったと言ってもいいのではないでしょうか？　BCGなどの予防接種がしっかりと行われる医療体制や疫病の侵入に対する常日頃からの備え、清潔な環境など、ありとあらゆる要素が複合的に絡まってこの結果を出した。そう理解しておけばいいでしょう。

ちなみに、2009年に新型インフルエンザが流行した際にも、日本は先進国の中で桁違いに少ない被害で済んでいたことを追記しておきます。先人たちが作り上げた社会インフラが病気に強い国を残してくれた。つまりそういうことではないでしょうか。これを「民度」と言わずして何と言う？

国民を愚弄した経済対策

さて、疫病の被害を最小限に防いだ日本ですが、緊急事態宣言に伴う休業要請を受け、営業自粛に追い込まれる店舗が続出しました。また、企業に対する在宅勤務要請や土日の外出自粛要請などにより、客足は大幅に減りました。

かく言う私も、この時すでに10店舗以上の格闘技ジムを経営しており、営業自粛要請でリアルに経済的な損失を蒙りました。法的な義務はなくても、やはり社会の一員としてこの要請には従い、結果的に4月7日から5月25日までの営業自粛を強いられたからです。

損失を最小限に食い止めるために、新たにオンライントレーニングのサービスを開始し、ライブレッスンを配信するという苦肉の策も実施しましたが、売上げの3割が一瞬に消し飛んでしまいました。もし営業自粛があと1か月延びていたら、ジム事業から撤退していたかもしれません。

私のような会員制の月謝ビジネスはまだマシな方です。飲食店や小売業などは人通りが減ればその分だけ売上げが落ちます。自粛明けの5月末頃、私は事務所の近所で飲食店が数多く閉店している姿を見かけました。中にはすでに解体工事が始まっている店もありました。

ところが、政府は営業自粛を要請したにも拘わらず、その対策は立案から実施まですべてが極めて遅い、スローモーションでした。おそらく当初はナメていたのでしょう。武漢封鎖は1月23日だったにも拘わらず、2月に入っても「本予算が可決されるまでは補正予算の話はできない」といった悠長な話をしていました。本予算が成立したのは3月27日です。経済対策が丸々2か月遅れてしまったのは、本予算の修正をせず、武漢肺炎対策が一切含まれない予算を通してしまったからです。

野党も野党です。武漢肺炎のパンデミックが予想されている緊急事態に際して、「桜を見る会」のことを延々と国会で質問していた立憲民主党と共産党のことは忘れないようにしましょう。

なぜ、そろいもそろって武漢肺炎対策の予算修正をしなかったのでしょうか？　消費税増税が止められなかった理由と全く同じです。誰もが面倒くさい予算修正など言い出さないし、やりもしなかった。ある種の惰性です。

さて、本予算が通って経済対策の検討が本格化してくると、またここで事件が起こりました。出てくるアイデアは国民をナメ切っていたからです。自民党は「豪族」の求めるがまま、業界ごとに補助金を配るつもりでいました。だから、最初に出てきた経済対策は、旅行券、お肉券、お魚券といった国民を愚弄（ぐろう）するかのようなプランばかり。マスコミの報道などでこのことを知った国民の怒りは爆発します。当たり前です。緊急事態宣言で会社の売上げが大きく落ち込んで将来不安が増大している折に、なぜ旅行と肉と魚が優遇されるのか？　全く意味が分かりません。

　また、これら突飛（とっぴ）なプランと同時並行的に実施されていた既存の補助金スキームを使った経済対策にも批判が集まりました。具体的には、政府系金融機関の無利子融資や雇用調整助成金などです。いずれも申請から給付まで異常に時間がかかり、窓口に申請者が殺到してどうにもならない状況になっていたのです。会社が潰れた後に「お香典（こうでん）」をもらっても仕方ありません。ありとあらゆる手続きに面談とハンコが必要な補助金スキームを改革せずに放置したツケが、一刻を争う緊急事態において一気に噴出してしまいました。

　あの悪名高き「アベノマスク」が発表されたのは、ちょうどこの時期に相前後する4月1日のことでした。総理大臣官邸で開催された第25回新型コロナウイルス感染症対策本部の会議の後、記者会見で安倍首相は次のように述べました。

「全国で5000万余りの世帯全てを対象に、日本郵政の全住所配布のシステムを活用し、一住所あたり2枚ずつ配布することといたします」

(出典：首相官邸　新型コロナウイルス感染症対策本部《第25回》https://www.kantei.go.jp/jp/98_abe/actions/202004/1corona.html)

もちろん、その時の記者会見で安倍首相が語ったのはこれだけではありません。いわゆる三密の回避、学校の休校と再開、渡航制限、検疫強化、マスクの生産増強などその話は多岐(たき)にわたりました。特にマスクについては生産能力をほぼ倍増させ、月産7億枚態勢になったということも発表されています。全体を通してみれば、政府はよく頑張っているなという内容でした。

ところが、「一世帯当たりマスク2枚配付」という、一番ショボく聞こえるところだけが切り取られて報道され、独り歩きしてしまったのです。いや、安倍首相もこの部分を目玉政策として強調していた節もあります。おそらく官僚の用意したメモを読んだだけなのでしょうが、その決断は大いに間違っていたと言わざるを得ません。

3月下旬からは欧米からの帰国者が持ち帰った武漢肺炎が第二次の流行を引き起こしていました。感染は全国的な広がりを見せ、政府の緊急事態宣言も待ったなし。緊急事態宣言には営業の自粛勧告も含まれ、休業に追い込まれる企業の経営者や従業員は大きな不安を抱えていました。ところが、先ほど指摘した通り、補助金スキームの給付金は待てど暮らせど振り込まれる気配はありません。そんな時、世帯当たりマスク2枚を配布するとドヤ顔で言われたところで、怒りの火に油を注ぐだけです。将来の不安によるフラストレーションで、国民はむしろキレる理由を探していたのです。

金の恨みの恐ろしさ

もし、安倍首相がこの時、時限的な消費税の減税、源泉徴収や社会保険料引落しの停止など、即効性のある経済対策を発表していたら展開は全く違いました。このような全国民一律且(か)つ即効性のある対策を実施した後に、それでも足らない人に補助金を配ればよかったのです。世帯当たり2枚のマスク配布など、厚労省のHPの片隅に書いておけばよかった。

誰がこんなバカな政策を考えたのでしょう？　誰あろう、受験エリートの上級国民で、経産省出身の佐伯耕三秘書官がこの政策の仕掛人とされています。彼は安倍首相に「全国民に布マスクを配れば不安はパッと消えますよ」などと見当違いな進言をしたそうです。お金に苦労したことのない高級官僚は、庶民の苦しみ、金の恨みの恐ろしさを知らなかったのです。

後になって分かったことですが、安倍首相は当初から国民1人当たり10万円の給付を考えていました。ところが、麻生財務大臣と佐伯秘書官の上司である今井尚哉補佐官（経産省出身）らの反対で、せっかくのアイデアを引っ込めていたのです。しかも、それを引っ込めた代わりに、後々国民から総スカンを食った条件付き30万円給付を飲んでいました。

給付金について検討を始めた当初、自民・公明の与党内では、国民に1人10万円を給付すべきとの声もあり、自民党関係者によると、安倍総理も一律給付を考えていたといいます。

しかし、麻生財務大臣や総理側近の今井補佐官らが一律給付に反対し、収入が減少した世帯を対象とした30万円の給付を主張。結局、安倍総理もその意見を聞き入れ、今月7日に対象を絞った30万円の給付が閣議決定されました。

（出典：2020年4月20日　日テレNEWS24 https://headlines.yahoo.co.jp/videonews/nnn?a=20200420-00000331-nnn-pol）

4月3日、自民党の岸田文雄政調会長は首相官邸を訪れ、所得が減少した世帯への現金給付を1世帯30万円にすることを直談判（じかだんぱん）しました。そして出口で待ち構えていた記者団に向かって、「先ほど総理との間で1世帯30万円を強く申し入れ、最終的に総理からご了解いただいた」とドヤ顔で語りました。ところが、これ自体がポスト安倍の最有力候補である岸田氏に花を持たせるためのクサい芝居でした。

しかも、この30万円給付は厳しい条件付きで、給付対象世帯は住民税が非課税となる世帯を想定していました。その割合は5世帯に1世帯です。8割の国民が対象外となる給付金に一体何の意味があるのでしょうか？

国難の真っ只中に財政規律を気にして給付をケチる。確かに、所得制限付きの30万円給付なら予算は約4兆円で足りますが、国民全員に一律10万円給付だと、その3倍の約12兆円が必要です。一次補正予算は元々16兆8057億円を想定していましたので、その組み換えが面倒くさかったのでしょう。まさに消費税増税や令和2年度予算案の修正をしなかった時と同じ惰性が働いていたのです。

このことが報道されるや否や、マスコミもネットも騒然となりました。5世帯に1世帯のカラクリが即座に見破られたからです。しまいには自民党内からも大ブーイングが巻き起こります。4月6日の自民党政調会は若手議員から「不満のオンパレード」となったと報道される始末。ところが、岸田政調会長は執行部一任ということで押し切ってしまいました。

しかし、ここで歴史法則が発動しました。経済的な困窮が目の前に迫っている人々は、キレる理由を探しています。だから、人々はこの決定を報道で知り、文字通りキレました。さすがに不穏な空気を感じ取ったか、自民党内に動きが出ます。

局面打開に動いたのが二階氏。14日に「一律10万円の現金給付を求めるなどの切実な声がある。できることは速やかに実行に移すよう政府に強力に申し入れたい」と打ち上げたのだ。まず目先の補正予算案を成立させ、追加の経済対策作りで主導権確保を狙う動きだった。

　これに敏感に反応したのが公明党幹部だ。翌15日午前に山口氏が首相官邸に乗り込んで一律10万円の給付の決断を安倍首相に強く要請。その後も二度にわたり首相に電話で30万円給付案の撤回と補正予算案を組み替えるよう詰め寄った。自公両党の幹事長、政調会長らの断続的な会談でも公明党の姿勢はかたくなだった。関係者によると、山口氏は連立解消や自らの代表辞任の可能性を持ち出しながら首相に決断を迫ったという。

「連立離脱カード」まで持ち出し、一歩も引かない構えの山口氏らに対し、政権基盤の瓦解を危惧する安倍首相に押し返す選択肢はなかった。「仕方が無い。それより早く給付できるように態勢を立て直さないと、世論の支持が離れてしまう」。周辺にこう漏らした安倍首相は公明党の主張を丸のみすることを決断。16日、麻生氏、二階氏、岸田氏を官邸に呼び、公明案の受け入れを指示した。

（出典：『日経ビジネス』２０２０年4月20日　安藤毅「10万円一律給付」へ　安倍政権急転換の真相https://business.nikkei.com/atcl/gen/19/00138/042000005/）

なんと、自民党内の正式な手続きを踏んで国会提出直前となっていた経済対策案がひっくり返されてしまったのです。それほど、公明党の連立解消の脅(おど)しが効いていたということでしょうか？　公明党が単独で自民党の正式決定を覆(くつがえ)したと言う人がいますが、私はさすがにその見方は違うと思います。

二階氏が動いた4月14日、読売新聞が「［政治の現場］新型コロナ〈4〉現金給付覆った首相案…『一律10万円』麻生氏異論」というリーク記事を掲載しました。安倍総理が現金10万円一律給付を求めたのに対して、麻生財務大臣が異を唱えその案を潰(つぶ)していたという話を、二階氏が動いたのに合わせて暴露したのです。なぜこの時期にこんな記事が掲載されたのか？　偶然にしては出来過ぎです。私はその背後にある人の影を感じました。

「岸田氏では選挙の顔にならない」として、昨年9月の内閣改造・自民党役員人事で二階氏との共同戦線で岸田氏の幹事長就任阻止に動いた菅氏はこうした流れを冷ややかに見ていた。周辺には「創価学会員には夜の接客業や小規模事業者などが相当数いて、大変な状況に直面している。一律給付への強い要求がある実態を全然分かっていない」と漏らしていた。

（出典：前掲『日経ビジネス』2020年4月20日）

菅義偉官房長官！　自民党の若手を焚きつけ、二階氏を走らせ、読売に書かせて公明党の外堀を埋めたのはおそらくこの人だったのでは？　真相は分かりません。でも、菅氏は二世でも官僚でもない叩き上げの政治家です。彼ならコロナショックで苦境に陥った人々の気持ちをよく理解できたのではないでしょうか。もちろん、岸田後継路線に異を唱えていた私怨もあるかもしれませんが、私はそれ以上に菅氏の持つ「現場感覚」が彼を突き動かしたのだと思っています。そして、菅氏こそが公明党に太いパイプを持つ政治家であることもよく知られています。こうして、安倍首相の当初案であった10万円一律給付は紆余曲折を経て政府の景気対策に盛り込まれました。最初からやればよかったのに！

この10万円一律給付を巡る一連の事件は、令和の日本を象徴する出来事になるかもしれません。それは歴史法則の発動です。経済的に困窮した人々は救済を求めて過激思想に走る。そのエネルギーは今回偶然にも財務省批判という健全な方向に向きました。しかし、再び過激思想が台頭した時、再度あの悪夢の民主党政権が誕生しないとも限りません。国民が本気で怒ると一度決まったこともひっくり返される。これがいま全世界で起ころうとしている。トンデモない激動の時代が突如やってきた。そんな気がしています。

歴史法則は繰り返し発動する

さて、長々と令和の最初の1年と数か月の歴史について書いてきましたが、そろそろ筆を擱かなければなりません。この続きはおそらく数十年後、令和が終わる時に書くことになると思います。

この原稿を執筆しているのは令和2年6月16日です。3月に世界の株価は大暴落しましたが、その後順調に値を戻し、6月には日米の株価は9割近く戻しています。そのあまりに早いペースに「これはバブルだ！」といった批判もありました。とはいえ、6月11日にニューヨーク市場で1861ドルの暴落があった以外は、さしたる調整もありません。傾向としては右肩上がりです。

株価は未来を映す鏡と言われています。株価が上がるということは半年から1年後には実体経済にも同じ兆候が表れるはずです。今、目の前にある状況からは俄かに信じられませんが、年末あたりから景気は本格的に回復するかもしれません。

１９４２年の株式相場が第二次大戦の勝敗を言い当てたという有名な話をご存知でしょうか？　この年、日独の株式市場は暴落、英米の株式市場は暴騰しました。まさにそれが第二次世界大戦の勝敗を暗示していたのです。

みんなが身銭を切って真剣に予想した結果を集めたのが株価です。そこには人々の叡智が結集しています。だから、たかが株価と侮るなかれ。ここまで上がったからには意味がある。そう思って希望を持ちましょう。

各国の政府および中央銀行はリーマンショックの頃とは比べ物にならない規模とペースで様々な政策を打ち出しています。リーマンショックの時には、リスクを取り過ぎて破綻した金融機関を救済することにモラルハザードの問題を指摘する人が沢山いました。しかし、今回は誰も公的資金の注入に反対しません。ＦＲＢ（連邦準備制度理事会）も日銀も、銀行どころか、一般企業に対する資金注入（社債買い入れ）まで行っています。むしろ国民はそれを歓迎しています。

コロナショックによる株価の暴落とリバウンドはリーマンショックよりも速いペー

スで進んでいますが、その理由はこういった大規模かつスピーディーな政策の展開にあると思います。それを支えているのが国民の理解です。

期せずして降りかかった国難。日本政府の動きは当初遅かったのですが、国民の怒りでここ最近は多少目が覚めたようです。とはいえ、まだ消費税減税までには至っていません。今後も戦いは続くでしょう。そして、歴史法則は繰り返し発動します。

令和の日本経済がこの先どうなるのか？　しっかりと見届けて、数十年後に『経済で読み解く日本史7　令和時代』を書きたいと思います。だから、この第6巻をもってこのシリーズは完結しません。To be continuedです。

令和が終わるまであと数十年。第7巻が出るまでしばらくお待ちください。

そして、それまでの間、皆さんもお元気で!!

令和2年6月16日

経済評論家　上念　司

【著者略歴】

上念 司（じょうねん　つかさ）

1969年、東京都生まれ。中央大学法学部法律学科卒業。在学中は創立1901年の日本最古の弁論部・辞達学会に所属。日本長期信用銀行、臨海セミナーを経て独立。2007年、経済評論家・勝間和代氏と株式会社「監査と分析」を設立。取締役・共同事業パートナーに就任（現在は代表取締役）。2010年、米国イェール大学経済学部の浜田宏一教授に師事し、薫陶を受ける。金融、財政、外交、防衛問題に精通し、積極的な評論、著述活動を展開している。著書に『デフレと円高の何が「悪」か』（光文社新書）、『経団連と増税政治家が壊す本当は世界一の日本経済』（講談社＋α新書）、『もう銀行はいらない』（ダイヤモンド社）、『誰も書けなかった日本の経済損失』（宝島社）、『日本を亡ぼす岩盤規制』『経済で読み解く日本史シリーズ』（飛鳥新社）他多数。

経済で読み解く日本史　〈平成時代〉
文庫版

2020年7月26日　第1刷発行

著　者　上念 司

発行者　大山邦興
発行所　株式会社　飛鳥新社
〒101-0003 東京都千代田区一ツ橋2-4-3　光文恒産ビル
電話（営業）03-3263-7770（編集）03-3263-7773
http://www.asukashinsha.co.jp

装　幀　芦澤泰偉
グラフ作成　ハッシイ

印刷・製本　中央精版印刷株式会社

ISBN 978-4-86410-752-5

編集担当　沼尻裕兵／工藤博海